不動産事業者のための

障害者差別解消法 ハンドブック

編著／岡本正治・宇仁美咲

大成出版社

は　し　が　き

　平成28年4月1日から「障害を理由とする差別の解消の推進に関する法律」（略称：「障害者差別解消法」）が施行されました。

　この法律は、労働・雇用分野を除いた日常生活・社会生活全般に及び、障害者の自立と社会参加に関わる幅広い分野を対象としており、もちろん、不動産取引の分野も対象となっています。

　平成27年12月から平成28年1月にかけて、全国8ヵ所で国土交通省土地・建設産業局不動産業課主催で宅地建物取引業者などの不動産関連の事業者を対象に「障害を理由とする差別の解消の推進に関する法律等の施行に関する説明会」が開催され、講師を担当する機会がありました。「障害を理由とする差別の解消」という非常に重要なテーマでありますが、平成25年6月に公布された同法はいまだ周知されているとは言いがたく、衣食住のうち、とりわけ生活基盤である"住"にかかわる不動産取引という局面において障害者差別解消法をどのように解釈・運用していくべきかは、事業者の対応の仕方も含めて、まだまだ手探りの状態であることは否めません。

　そこで、説明会でのご意見やご質問も踏まえ、「障害者差別解消法と不動産取引」という観点から解説を試み、現実の問題に直面した際、皆さんがなるべく具体的な判断ができるようにQ&Aを設けました。

　障害者差別解消法は、障害者の社会参加を阻んでいるのは、その人に機能的な障害があるからではなく、機能的な障害に配慮をしない社会の側に原因があるのだという「障害の社会モデル」という新しい考え方に基づいたものです。私たち一人一人がこの考え方を理解し、本書が障害の有無にかかわらず共に生きる社会の実現のための一助になればこれほど嬉しいことはありません。

　本書を刊行するにあたり、土地・建設産業局不動産業課の担当者の方々か

らは貴重なご意見等を賜りました。このようなご協力なしにはこの本は世に
出ておらず、心より感謝を申し上げます。

　本書は、短時日での執筆・出版作業ということで大成出版社第2事業部長
御子柴直人氏には多大なご迷惑をおかけし、またご協力を賜りました。心よ
りお礼申し上げます。

　平成28年5月3日

　　　　　　　　　　　　　　　　　　　弁護士　岡　本　正　治
　　　　　　　　　　　　　　　　　　　弁護士　宇　仁　美　咲

目次

はしがき

はじめに……………………………………………………………………………… 1

Ⅰ　障害者差別解消法の制定に至る経過……………………………………… 2

　　1　世界人権宣言の採択 ……………………………………………………… 2

　　2　障害者権利条約の採択 …………………………………………………… 2

　　3　国内法の整備と障害者差別解消法の基本的な考え方 ……………… 4

Ⅱ　障害者差別解消法の仕組み…………………………………………………… 6

　　1　障害者基本法の基本理念 ………………………………………………… 6

　　2　障害者差別解消法の目的 ………………………………………………… 6

　　3　障害者雇用促進法との関係 ……………………………………………… 7

　　4　障害者差別解消法の仕組み ……………………………………………… 8

　　　(1)　国及び地方公共団体の責務と国民の責務 ………………………… 8

　　　(2)　差別の解消の推進に関する基本方針の策定 ……………………… 9

　　　(3)　差別を解消するための措置 ………………………………………… 9

　　　(4)　差別を解消するための支援措置 ……………………………………11

　　5　障害者差別解消法と条例との関係 ……………………………………11

Ⅲ　障害者と社会的障壁と事業者の定義………………………………………13

　　1　障害者 ………………………………………………………………………13

　　2　社会的障壁 …………………………………………………………………13

　　3　事業者 ………………………………………………………………………14

Ⅳ　不当な差別的取扱いの禁止…………………………………………………15

　　1　禁止規定 ……………………………………………………………………15

　　2　正当な理由がある場合 …………………………………………………16

　　3　検討事例 ……………………………………………………………………18

Ⅴ　合理的配慮の提供……………………………………………………………23

　　1　合理的配慮の提供に関する規律 ………………………………………23

　　2　合理的配慮の提供 ………………………………………………………23

i

目　　次

　　　　(1)　基本的な考え方 ………………………………………23
　　　　(2)　その事業を行うにあたり ………………………25
　　　　(3)　障害者からの意思の表明 ………………………26
　　　　(4)　過重な負担 …………………………………………27
　　　　(5)　合理的配慮の提供の例 …………………………27
　　　3　検討事例 ……………………………………………………30
Ⅵ　差別を解消するための措置に対する実効性の確保……………34
　　1　事業分野別の対応方針の策定 ……………………………34
　　2　報告の徴収並びに助言、指導及び勧告 ……………………34
Ⅶ　国・地方公共団体による支援措置………………………………36

〔資料〕

○障害を理由とする差別の解消の推進に関する法律
　　（平成25年法律第65号）………………………………………41
○衆議院／参議院・内閣委員会における法律案に対する附帯決議…………51・53
○障害を理由とする差別の解消の推進に関する法律施行令
　　（平成28年政令第32号）………………………………………55
○障害を理由とする差別の解消の推進に関する法律施行規則
　　（平成28年内閣府令第2号）…………………………………58
○障害を理由とする差別の解消の推進に関する基本方針
　　（平成27年2月24日閣議決定）………………………………59
○国土交通省所管事業における障害を理由とする差別の解消の
　　推進に関する対応指針（抄）（平成27年11月）………………74
○条例の制定状況（平成28年4月1日現在）………………………87

参考文献………………………………………………………………89
事項索引………………………………………………………………90

はじめに

　平成25年 6 月、「障害を理由とする差別の解消の推進に関する法律」（平成25年法律第65号。以下「障害者差別解消法」または「法」といいます。）が国会で成立し、平成28年 4 月 1 日から施行されることになりました。

　障害者差別解消法は、労働・雇用分野を除いた日常生活・社会生活全般に及び、障害者の自立と社会参加に関わる幅広い分野を対象としています。

　　注：労働・雇用分野は、「障害者の雇用の促進等に関する法律」（昭和35年法律第123号。以下、「障害者雇用促進法」といいます。）の定めるところによります（法13条）。

　　本書では、法律にしたがって、以下「障害者」と表記します。

　障害者差別解消法では、事業者に対し、障害を理由とする不当な差別的取扱いを禁止し、合理的配慮の提供を努力義務としています（法 8 条）。

　本書で取り上げる不動産取引においては、不動産売買や売買・賃貸の仲介（媒介）に関わる宅地建物取引業者（以下「宅建業者」といいます。）のみならず、不動産賃貸の事業者（家主、オーナー）、賃貸住宅管理業者、マンション管理業者が事業者にあたります。

　不動産は、衣食住という人間の基本的な生活領域において、「住」に位置づけられる生活基盤として、また、個人の尊厳や自立という意味でもきわめて重要な意義を有しています。

　このような意義を有する財産である不動産の取引に関与する事業者は、どのようなことに配慮し、どのようにして障害者の自立と社会参加に関わって共に生きる社会を実現することができるのかを考えていきましょう。

Ⅰ　障害者差別解消法の制定に至る経過

Ⅰ　障害者差別解消法の制定に至る経過

1　世界人権宣言の採択

　昭和23年（1948年）12月、国連（国際連合）では、人権及び自由を尊重し確保するため、「すべての人民とすべての国とが達成すべき共通の基準」として「世界人権宣言」が採択され、すべての人は差別を受けない権利があるとされました。これを基礎に昭和41年（1966年）12月には「国際人権規約」が採択され昭和51年（1976年）に発効しました。国際人権規約は、世界人権宣言を条約化したものであり、すべての人々が有する権利と自由を述べています。わが国は昭和54年（1979年）に批准しました。

2　障害者権利条約の採択

　平成18年（2006年）12月に国連総会で「障害者の権利に関する条約」（略称：障害者権利条約）（Convention on the Rights of Persons with Disabilities）が採択されました。この条約は、障害者の権利及び尊厳を保護し取組みを促進するための包括的・総合的な国際条約で前文と本文50条から構成され、平成27年（2015年）現在の署名国・地域数は160、締約国・地域数は160に及びます＊。

＊注：外務省ホームページ「障害者の権利に関する条約締約国一覧」　http://www.mofa.go.jp/mofaj/fp/hr_ha/page22_002110.html）参照。

　世界人権宣言・国際人権規約は、いずれもすべての人を対象にし、もちろん障害者も対象としています。現実には、世界人権宣言や国際人権規約で定められた様々な権利は、すべての人に等しく適用されてはいませんでした。加えて、世界人権宣言や国際人権規約では、障害に対応した配慮がなされておらず、障害者に対する差別的取扱いや障害者に対する否定的な

2

態度等を改善するためには障害者に対応した条約を採択する必要がありました。

　障害者権利条約は、障害者の固有の尊厳、個人の自律及び自立、差別されないこと、社会への参加等を一般原則として規定し、障害者に保障されるべき個々の人権及び基本的自由について定めた上で、この人権及び基本的自由を確保し促進するための措置を締約国がとること等を定めています。

〔国連の動き〕	〔日本の動き〕
1948年　「世界人権宣言」　採択 1966年　「国際人権規約」　採択 1979年　「国際人権規約」　批准	1970年（昭和45年）5月　「障害者基本法」成立 2004年（平成16年）6月　「障害者基本法」改正 ⇒　障害者に対する差別の禁止を基本理念として明示
2006年12月 　「障害者の権利に関する条約」（障害者権利条約）採択 2007年9月 　日本政府が障害者権利条約に署名	〔国内法の整備〕 2011年（平成23年）7月　「障害者基本法」改正 障害者権利条約の趣旨を踏まえ、①「社会的障壁」の定義、②障害を理由とする差別等の権利侵害行為の禁止（法4条1項）、③社会的障壁の除去を怠ることによる権利侵害の防止（法4条2項） 2013年（平成25年）6月 　「障害者差別解消法」制定 ⇒　障害者基本法の差別の禁止の基本原則を具体化 　「障害者雇用促進法」改正
2014年1月 　「障害者権利条約」批准	2016年（平成28年）4月1日 　障害者差別解消法・改正障害者雇用促進法施行

Ⅰ　障害者差別解消法の制定に至る経過

3　国内法の整備と障害者差別解消法の基本的な考え方

　わが国は、平成16年（2004年）６月に障害者基本法を改正し、障害者に対する差別の禁止を基本的理念として明示し、平成19年（2007年）９月に障害者権利条約に署名し、国内法の整備など障害者制度の改革を進め、平成23年（2011年）７月、障害者権利条約の趣旨を踏まえて障害者基本法を改正しました。同法では、「社会的障壁」の定義がなされ（２条２号）、基本原則として、障害を理由とする差別等の権利侵害行為の禁止（４条１項）と社会的障壁の除去を怠ることによる権利侵害の防止（同条２項）が規定されました。

　平成25年（2013年）６月、障害者基本法が定める差別の禁止の基本原則を具体化するものとして障害者差別解消法が制定され、同時に障害者雇用促進法が改正されました。これらの法整備と障害者施策に係る取組みの成果を踏まえ、わが国は、平成26年（2014年）１月に障害者権利条約を批准しました。

　障害者差別解消法と障害者雇用促進法の改正部分は平成28年（2016年）４月１日から施行されました。

「障害を理由とする差別の解消の推進に関する基本方針」（以下「基本方針」という。）　「２　基本的な考え方　⑴　法の考え方」

　全ての国民が、障害の有無によって分け隔てられることなく、相互に人格と個性を尊重し合いながら共生する社会を実現するためには、日常生活や社会生活における障害者の活動を制限し、社会への参加を制約している社会的障壁を取り除くことが重要である。このため、法は、後述する、障害者に対する不当な差別的取扱い及び合理的配慮の不提供を差別と規定し、行政機関等及び事業者に対し、差別の解消に向けた具体的取組を求めるとともに、普及啓発活動等を通じて、障害者も含めた国民一人ひとりが、それぞれの立場において自発的に取り組むことを促している。

　特に、法に規定された合理的配慮の提供に当たる行為は、既に社会の様々な

I　障害者差別解消法の制定に至る経過

場面において日常的に実践されているものもあり、こうした取組を広く社会に示すことにより、国民一人ひとりの、障害に関する正しい知識の取得や理解が深まり、障害者との建設的対話による相互理解が促進され、取組の裾野が一層広がることを期待するものである。

　なお、障害者差別解消法は、施行後3年を経過した場合において、法8条2項に規定する社会的障壁の除去の実施についての必要かつ合理的な配慮の在り方その他同法の施行状況について検討を加え、必要があると認めるときは、その結果に応じて所要の見直しを行うものとされています（附則7条）。

Ⅱ　障害者差別解消法の仕組み

Ⅱ　障害者差別解消法の仕組み

1　障害者基本法の基本理念

　障害者基本法は、「全ての国民が、障害の有無にかかわらず、等しく基本的人権を享有するかけがえのない個人として尊重される」（1条）ことを基本理念とし、この理念の下、「全ての国民が、障害の有無によって分け隔てられることなく、相互に人格と個性を尊重し合いながら共生する社会を実現する」ことを目的とし、障害者の自立及び社会参加の支援等のための施策に関する基本原則として差別の禁止を定めています。

　　①　障害を理由とする差別等の権利侵害行為の禁止

　　　何人も、障害者に対して、障害を理由として、差別することその他の権利利益を侵害する行為をしてはならない（4条1項）。

　　②　社会的障壁の除去を怠ることによる権利侵害の防止

　　　社会的障壁の除去は、それを必要としている障害者が現に存し、かつ、その実施に伴う負担が過重でないときは、それを怠ることによって法4条1項の規定に違反することとならないよう、その実施について必要かつ合理的な配慮がされなければならない（同条2項）。

2　障害者差別解消法の目的

　障害者差別解消法は、障害者基本法4条が規定する差別の禁止の基本原則を具体化するものとして制定され、同法の基本的な理念にのっとり、差別を解消するための措置を定めることにより、障害を理由とする差別の解消を推進し、もって全ての国民が、障害の有無によって分け隔てられることなく、相互に人格と個性を尊重し合いながら共生する社会の実現に資することを目的としています。

Ⅱ　障害者差別解消法の仕組み

この目的を達成する手段として、

① 　障害を理由とする差別の解消の推進に関する基本的な事項

② 　行政機関等及び事業者における障害を理由とする差別を解消するための措置

を定めています。

障害者差別解消法1条

　この法律は、障害者基本法の基本的な理念にのっとり、全ての障害者が、障害者でない者と等しく、基本的人権を享有する個人としてその尊厳が重んぜられ、その尊厳にふさわしい生活を保障される権利を有することを踏まえ、障害を理由とする差別の解消の推進に関する基本的な事項、行政機関等及び事業者における障害を理由とする差別を解消するための措置等を定めることにより、障害を理由とする差別の解消を推進し、もって全ての国民が、障害の有無によって分け隔てられることなく、相互に人格と個性を尊重し合いながら共生する社会の実現に資することを目的とする。

3　障害者雇用促進法との関係

　障害者差別解消法は、労働・雇用分野を除いた障害者の日常生活・社会生活全般に及び、教育、公共交通、住宅、旅行、医療、役務提供等、障害者の自立と社会参加に関わる幅広い分野を対象とします。

　ただし、労働・雇用分野は障害者雇用促進法が定めるところによります（法13条）。障害者雇用促進法の改正法では、差別の禁止等に関する規定が置かれ、障害者差別解消法と同じく第183回国会で成立し平成28年4月1日から施行されました。

　障害を理由とする不当な差別的取扱いが禁止されることは障害者差別解消法も改正障害者雇用促進法も同様ですが、合理的配慮の提供については、労働・雇用分野においては事業者の法的義務となっている（36条の2、36条の3）ことに注意が必要です。詳しくは、境伸栄「障害者権利条約の締結に向けた障害者雇用促進法の改正」（時の法令1950号33頁）参照。

Ⅱ　障害者差別解消法の仕組み

〔障害者雇用促進法の改正法の概要〕

1　障害者権利条約の批准に向けた対応

(1)　障害者に対する差別の禁止

雇用の分野における障害を理由とする差別的取扱いを禁止する。

(2)　合理的配慮の提供義務

事業主に、障害者が職場で働くに当たっての支障を改善するための措置を講ずることを義務付ける。ただし、当該措置が事業主に対して過重な負担を及ぼすこととなる場合を除く。

(略)

(3)　苦情処理・紛争解決援助

①事業主に対して、(1)(2)に係るその雇用する障害者からの苦情を自主的に解決することを努力義務化。

②(1)(2)に係る紛争について、個別労働関係紛争の解決の促進に関する法律の特例（紛争調整委員会による調停や都道府県労働局長による勧告等）を整備。

2　法定雇用率の算定基礎の見直し

法定雇用率の算定基礎に精神障害者を加える。ただし、施行（H30）後5年間に限り、精神障害者を法定雇用率の算定基礎に加えることに伴う法定雇用率の引上げ分について、本来の計算式で算定した率よりも低くすることを可能とする。

3　その他　障害者の範囲の明確化その他の所要の措置を講ずる。

施行期日：平成28年4月1日（ただし、2は平成30年4月1日、3（障害者の範囲の明確化に限る。）は公布日（平成25年6月19日））

4　障害者差別解消法の仕組み

障害者差別解消法は、次のような仕組みになっています。

(1)　国及び地方公共団体の責務と国民の責務

国及び地方公共団体は、その一般的な責務として、障害を理由とする差別の解消の推進に関して必要な施策を策定し及びこれを実施しなければならないと規定されています（法3条）。障害者差別に関する条例の

制定については、後記5（11頁）参照。

国民は、その責務として、障害の有無によって分け隔てられることなく相互に人格と個性を尊重し合いながら、共生する社会を実現する上で、障害を理由とする差別の解消が重要であることに鑑み、障害を理由とする差別の解消の推進に寄与するよう努めなければなりません（法4条）。

(2) 差別の解消の推進に関する基本方針の策定

政府は、障害を理由とする差別の解消の推進に関する施策を総合的かつ一体的に実施するため、障害を理由とする差別の解消の推進に関する基本方針（以下「基本方針」といいます。）を定めなければならないとされています（法6条1項）。基本方針は、平成27年2月24日、閣議決定がなされ公表されました（同条3項、5項）。基本方針は資料参照。

基本方針で定める事項（法6条2項）

一　障害を理由とする差別の解消の推進に関する施策に関する基本的な方向

二　行政機関等が講ずべき障害を理由とする差別を解消するための措置に関する基本的な事項

三　事業者が講ずべき障害を理由とする差別を解消するための措置に関する基本的な事項

四　その他障害を理由とする差別の解消の推進に関する施策に関する重要事項

---

(3) 差別を解消するための措置

ア　障害を理由とする差別を解消するための措置として、次の二つを定めました。

①　障害を理由とする不当な差別的取扱いの禁止、

②　合理的配慮の提供については、国・地方公共団体等の行政機関に対しては法的義務、事業者に対しては努力義務としたこと。

II　障害者差別解消法の仕組み

	障害を理由とする不当な差別的取扱い	障害者への合理的配慮の提供
行政機関等（法2条4号）	禁止（法7条1項）	法的義務（法7条2項）
事業者（法2条7号）	禁止（法8条1項）	努力義務（法8条2項）

注：「行政機関等」とは、国の行政機関、独立行政法人等、地方公共団体（地方公営企業法第3章の規定の適用を受ける地方公共団体の経営する企業を除く。）及び地方独立行政法人をいう（法2条3号）。

イ　対応要領の策定

　　国の行政機関の長及び独立行政法人等は、基本方針に即して、法7条に規定する事項に関し、当該国の行政機関及び独立行政法人等の職員が適切に対応するために必要な要領（国等職員対応要領）を定めるものとされました（法9条）。ただし、地方公共団体が対応要領（地方公共団体等職員対応要領）を定めることは努力義務とされました（法10条）。

ウ　事業者のための対応指針の策定

　　主務大臣は、基本方針に即して、法8条に規定する事項に関し、事業者が適切に対応するため必要な指針（対応指針）を定め、これを公表しなければならないとされています（法11条）。

　　事業者の事業は様々であり、また主務大臣が異なることから、当該事業において、具体的に何が「不当な差別的取扱い」に当たるか、どのような「合理的配慮」を提供することが望ましいかなどについては、主務大臣が事業分野別の対応指針を定めることとなります。不動産業に関していえば、宅地建物取引業、マンション管理業、賃貸住宅管理業は国土交通大臣が主務大臣となります。このような事業者の対応が個別の取引の場面において「不当な差別的取扱い」に当るか、「合理的配慮」の不提供に当るかを判断するに当たっては、政府が策定した基本方針とともに国土交通大臣が策定した「国土交通大臣所管事業における障害を理由とする差別の解消の推進に関する対応指針」（平成27年11月、以下「対応指針」といいます。）について特に留意する必要があります。対応指

10

針は資料参照。

⑷ 差別を解消するための支援措置

差別の解消のための支援措置として、障害者差別解消法は、国・地方公共団体による障害者やその家族等からの相談・紛争の防止・解決の体制整備（法14条）、啓発活動（法15条）、情報収集・整理・提供（法16条）、障害者差別支援地域協議会の組織（法17条～20条）について規定しています。

5　障害者差別解消法と条例との関係

障害者差別解消法は、国及び地方公共団体の一般的な責務として、障害を理由とする差別の解消の推進に関して必要な施策を策定、実施しなければならない（法3条）としており、地方公共団体の取組みの一環として条例の制定があります。

地方公共団体には、障害者差別解消法の施行前にすでに障害者差別に関する条例を制定しているところがあり、同法の基準よりも厳しいとか、適用対象を拡げる条例が見られます。また同法の制定を機に新たに条例制定に取り組む地方公共団体もあることから、衆・参議院では、「本法が、地方公共団体による、いわゆる上乗せ・横出し条例を含む障害を理由とする差別に関する条例の制定等を妨げ又は拘束するものではないことを周知すること」が附帯決議されました。附帯決議は資料参照。

その結果、障害者差別解消法よりも厳しい義務を規定した条例（いわゆる上乗せ条例）や、同法よりも対象事項を広げて制定された既存の条例（いわゆる横出し条例）も引き続き効力を有し、また、新たに条例を制定することも制限されません。例えば、事業者の障害者に対する合理的配慮の提供を努力義務ではなく法的義務とするもの、不当な差別的取扱いの禁止規定の適用対象を事業者だけに限定せずに県民（個人）にまで拡げるものがあります。また、事案解決のためのあっせん・知事によるあっせん案の勧告を定め、事業者が正当な理由なく勧告に従わなかったときは公表をすることを定める条例もあります。平成28年4月1日現在、47都道府県の

Ⅱ　障害者差別解消法の仕組み

うち22都府県で条例が制定されています。条例の制定状況は資料参照。

基本方針　「2　基本的な考え方　(3)　条例との関係」

　地方公共団体においては、近年、法の制定に先駆けて、障害者差別の解消に向けた条例の制定が進められるなど、各地で障害者差別の解消に係る気運の高まりが見られるところである。法の施行後においても、地域の実情に即した既存の条例（いわゆる上乗せ・横出し条例を含む。）については引き続き効力を有し、また、新たに制定することも制限されることはなく、障害者にとって身近な地域において、条例の制定も含めた障害者差別を解消する取組の推進が望まれる。

Ⅲ　障害者と社会的障壁と事業者の定義

1　障害者

　障害者とは、「身体障害、知的障害、精神障害（発達障害を含む。）その他の心身の機能の障害（以下「障害」と総称する。）がある者であって、障害及び社会的障壁により継続的に日常生活又は社会生活に相当な制限を受ける状態にあるものをいう」（法2条1号）と定義されています。これは、障害者基本法2条1号と同じ定義です。

　障害者差別解消法にいう障害者は障害者手帳の所持者に限るものではありません。障害児も適用対象となります。高次脳機能障害は精神障害に含まれるとされ、難病に起因する障害は心身の機能障害に含まれます（基本方針）。

　なお、障害者の定義として、心身の機能の障害だけでなく「社会的障壁により継続的に日常生活又は社会生活に相当な制限を受ける状態にあるもの」とされているのは、障害者が日常生活又は社会生活において受ける制限は、心身の機能の障害のみに起因するものではなく、「社会における様々な障壁と相対することによって生ずるもの」という、いわゆる「社会モデル」の考え方を踏まえています（基本方針）。

2　社会的障壁

　社会的障壁とは、「障害がある者にとって日常生活又は社会生活を営む上で障壁となるような社会における事物、制度、慣行、観念その他一切のものをいう」（法2条2号）と定義され、これは障害者基本法2条2号と同じ定義です。

　「社会における事物」とは、段差のある建物、手すりのない階段、エレ

Ⅲ　障害者と社会的障壁と事業者の定義

ベーターのない駅などです。「社会における制度」とは、障害者にとって利用しにくい制度などをいい、「社会における慣行」とは、障害者の存在を意識していない慣習、文化をいいます。「社会における観念」とは、障害のある方への偏見などをいい、例えば、障害がある者は火器が使用できないのではないか、一人暮らしができないのではないかといった思い込みなどです。

3　事業者

　事業者とは、「商業その他の事業を行う者（国、独立行政法人等、地方公共団体及び地方独立行政法人を除く。）をいう」（法2条7号）と定義されています。

　同種の行為を反復継続する意思をもって行う者であれば、「事業者」に当たります。事業の目的が営利か非営利かは問いません。事業形態が個人、法人の別も問いません（基本方針）。例えば、個人の宅建業者・建物賃貸業などの個人事業者も対象となります。非営利事業を行う社会福祉法人、特定非営利活動法人、私立学校法人等も対象となります。また、地方公共団体の経営する企業及び公営企業型地方独立行政法人を含みます。

Ⅳ 不当な差別的取扱いの禁止

1 禁止規定

　行政機関等は、その事務又は事業を行うに当たり、障害を理由として障害者でない者と不当な差別的取扱いをすることにより、障害者の権利利益を侵害してはならないと規定されています（法7条1項）。

　事業者は、その事業を行うに当たり、障害を理由として障害者でない者と不当な差別的取扱いをすることにより、障害者の権利利益を侵害してはならないと規定されています（法8条1項）。

　障害者差別解消法は、行政機関等と事業者の障害者に対する不当な差別的取扱いを禁止しています。同法は、①障害者に対して、②正当な理由なく、③障害を理由として、財・サービスや各種機会の提供を拒否すること、その提供に当たって場所・時間等を制限すること、障害者でない者に対しては付さない条件を付けることなどにより、障害者の権利利益を侵害することを禁止しています（基本方針、対応指針）。

　なお、障害者差別解消法の中には、「差別」、「障害を理由とした差別」の定義は設けられておらず、具体的にどのような行為が「不当な差別的取扱い」に当たるのかについては、個々の事案について個別具体的に判断されるものであるとして、これをあらかじめ法律で一律に定めたり具体的に規定していません。特に事業者については、どのような行為が「不当な差別的取扱い」や「合理的配慮の不提供」に当たるかは、それぞれの事業を所管する大臣が対応指針を定める（法11条）ほか、法施行後、事例や裁判例等を集積していくことが考えられています。

　これまで、障害者は、障害を理由に様々な拒否を受け、これによって差別的な取扱いがなされてきました。障害を理由とした拒否を改善するだけ

Ⅳ　不当な差別的取扱いの禁止

で差別的取扱いは相当改善されるのです。

国土交通省対応指針　【不動産業関係】　「(1)　差別的取扱いの具体例」

①　正当な理由がなく、不当な差別的取扱いにあたると想定される事例

・　物件一覧表に「障害者不可」と記載する。

・　物件広告に「障害者お断り」として入居者募集を行う。

・　宅地建物取引業者（以下「宅建業者」という。）が、障害者に対して、「当社は障害者向け物件は取り扱っていない」として話も聞かずに門前払いする。

・　宅建業者が、賃貸物件への入居を希望する障害者に対して、障害（身体障害、知的障害、精神障害（発達障害及び高次脳機能障害を含む。）その他の心身の機能の障害（難病に起因する障害を含む。））があることを理由に、賃貸人や家賃債務保証会社への交渉等、必要な調整を行うことなく仲介を断る。

・　宅建業者が、障害者に対して、「火災を起こす恐れがある」等の懸念を理由に、仲介を断る。

・　宅建業者が、一人暮らしを希望する障害者に対して、一方的に一人暮らしは無理であると判断して、仲介を断る。

・　宅建業者が、車いすで物件の内覧を希望する障害者に対して、車いすでの入室が可能かどうか等、賃貸人との調整を行わずに内覧を断る。

・　宅建業者が、障害者に対し、障害を理由とした誓約書の提出を求める。

2　正当な理由がある場合

　　正当な理由とは、障害者の障害の内容や程度、事業者の事業の目的や内容、損害発生の防止の必要性その他の事由を総合的に判断し、客観的に見て、正当な目的の下に行われたものであり、その目的に照らしてやむを得ないと言える場合をいいます（対応指針）。

　　正当な理由の判断は、個別事案に応じて具体的になされなければなりません。その際、具体的場面や状況に応じて総合的・客観的に判断することが必要で（対応指針）、行政機関等や事業者が一方的に「正当な理由がある」とすることはできません。

　　事業者が障害者を障害者でない者と別の取扱いをすることに正当な理由

があると判断した場合には、その理由を障害者に説明し、理解を得るよう努力することが求められています（対応指針）。正当な理由があると判断した理由を障害者に説明することを求めることで、判断の客観性を担保しようとしたものとも考えられます。

国土交通省対応指針「正当な理由の判断の視点」

・正当な理由に相当するのは、障害者に対して、障害を理由として、財・サービスや各種機会の提供を拒否するなどの取扱いが客観的に見て正当な目的の下に行われたものであり、その目的に照らしてやむを得ないと言える場合である。

・事業者においては、正当な理由に相当するか否かについて、個別の事案ごとに、以下に掲げるような障害者、事業者、第三者の権利利益等の観点を考慮し、具体的場面や状況に応じて総合的・客観的に判断することが必要である。

　○　安全の確保

　○　財産の保全

　○　事業の目的・内容・機能の維持

　○　損害発生の防止　等

・事業者は、正当な理由があると判断した場合には、障害者にその理由を説明するものとし、理解を得るよう努めることが望ましい。

・なお、「客観的に判断する」とは、主観的な判断に委ねられるのではなく、その主張が客観的な事実によって裏付けられ、第三者の立場から見ても納得を得られるような「客観性」が必要とされるものである。また、「正当な理由」を根拠に、不当な差別的取扱いを禁止する法の趣旨が形骸化されるべきではなく、拡大解釈や具体的な検討もなく単に安全の確保などという説明のみでサービスを提供しないといったことは適切ではない。

Ⅳ　不当な差別的取扱いの禁止

3　検討事例

> **Q1**　建物賃貸業の賃貸人が「これまで障害者を受け入れた経験がないので、何が起こるか不安である」として、障害者への賃貸を断ることは「正当な理由がある」といえるか。

A1　正当な理由があるとはいえず、障害を理由とする差別的取扱いにあたります。

　建物賃貸業における賃貸人は、「事業者」にあたりますから、障害を理由とした差別的取扱いの禁止は法的義務となります。障害の有無にかかわらず、自己の財産を他人に賃貸するに際しては「何が起こるかわからない」事態というのは生じる可能性がないとはいえません。むしろ、これまで障害者を受け入れた経験がないことから、障害者を受け入れるに際して「○○について不安」というふうに不安を感じる内容を具体的に明らかにして伝えると、障害者の側で自己の生活状況等を説明することができ、賃貸人の心配が単なる杞憂に過ぎないことがわかることもあります。

> **Q2**　賃貸マンションの賃借希望者が障害者であることを知った賃貸人が、「障害者は火災を起こす恐れがあるから貸したくない」と言っていることから、仲介業者が障害者に対して賃貸仲介を断ることは、「正当な理由がある」といえるか。

A2　正当な理由があるとはいえず、障害を理由とする差別的取扱いにあたります。

　賃貸人が障害の内容や障害の程度、障害者の生活状況を確認しないままに、「障害者は火災を起こす恐れがある」として賃貸を断ることは障害を理由とした差別的取扱いとして禁止されます。そのため、賃貸人がこれを

18

Ⅳ　不当な差別的取扱いの禁止

理由に賃貸を断ろうとしているからといって、仲介業者がこれを理由に賃貸仲介を断ることは「正当な理由がある」とはいえず、仲介業者としては不当な差別的取扱いにあたります。仲介業者は、賃貸人に対し、賃貸人は事業者であり、障害を理由とする差別的取扱いが禁止されることを説明するとともに、障害者の障害の内容・程度、生活状況等を勘案し、賃貸人と障害者との間の協議を図り、それぞれの不安や懸念を払拭し、調整するよう試みることが求められます。

Q3　仲介業者が取り扱っている物件の中に、障害者に賃貸できる物件がないことを理由に障害者への賃貸の仲介を断ることは「正当な理由がある」といえるか。

A3　正当な理由があるとはいえず、障害を理由とする差別的取扱いにあたります。

　障害の内容・程度は人によって様々です。障害者に賃貸できる物件があるかどうかは、障害の内容や程度、生活状況、援助者の有無、援助の体制等を確認しないとわかりませんから、賃貸仲介に際して障害者でない人に借受け希望物件を確認するときと同様に、障害者に対しても、まずは話を聞いてみることが必要です。話も聞かずに「障害者に賃貸できる物件がない」と門前払いすることは、「正当な理由がある」とはいえず、障害を理由とした差別的取扱いにあたります。

Q4　仲介業者が、障害者に対し、賃貸物件の紹介はできても家賃債務保証会社との交渉はできないと断ることは、「正当な理由がある」といえるか。

A4　正当な理由があるとはいえず、障害を理由とする差別的取扱いにあた

19

Ⅳ　不当な差別的取扱いの禁止

ります。

　仲介業者が障害者に対し障害を理由に物件紹介を断らなかったとして
も、家賃債務保証会社による家賃保証がなければ、現実には、賃借ができ
なくなります。不動産仲介業は、他人間の売買・賃貸借契約が成立するよ
うにあっせん尽力することを業とするものですから、成約に向けた調整も
含めて仲介業務の一環と位置づけることができます。障害を理由に家賃債
務保証会社への交渉等、必要な調整を行うことなく仲介を断ることは「障
害を理由とした差別的取扱い」にあたります。なお、家賃債務保証会社
は、事業者にあたりますから（法2条7号）、障害者差別解消法の適用を
受けます。

Q5　車椅子で賃貸マンションの内覧を求めた障害者に対し、仲介業者
　が、「車椅子での入室は、床にキズがつくから」といって、内覧を断る
　ことは、「正当な理由がある」といえるか。

A5　正当な理由があるとはいえず、障害を理由とする差別的取扱いにあた
ります。

　賃貸物件の内部がどのようになっているかは、障害の有無にかかわら
ず、賃借人が賃貸借契約を締結するかどうかを判断するための重要な要素
です。そこで、賃貸人との間で、車椅子での入室が可能になるよう調整す
るとともに、障害者に対しても、賃貸人が床にキズが付くことを心配して
いることを伝えて、内覧段階で物件にキズ等が付かないように、養生シー
トを敷く等の方策がとれないかどうかも含めて相互の利益を図り不安や懸
念を払拭するよう調整をする必要があります。

Ⅳ 不当な差別的取扱いの禁止

> **Q6** 賃貸人が、障害者に対して賃貸マンションを賃貸するに際し、賃貸
> 借契約に際して迷惑をかけないとの誓約書の提出を求めたので、仲介業
> 者として、障害者に対し、誓約書の提出を求めることは、「正当な理由
> がある」といえるか。

A6 正当な理由があるとはいえず、障害を理由とする差別的取扱いにあた
ります。一般的に建物賃貸借契約に際して、賃借人が迷惑行為を行わない
ことについて誓約書の提出を求めることはあります。これは、建物賃貸借
契約が当事者間の信頼関係を基礎にした継続的契約関係であるからです。
しかし、障害の有無や程度は、それだけをもって直ちに賃貸借契約におけ
る信頼関係を損なうことを根拠づけるものではなく、特に障害者に対して
障害を理由として誓約書の提出を求めることは「正当な理由がある」とは
いえず、不当な差別的取扱いにあたります。

> **Q7** 賃貸マンションの居室で二人暮らしをしていた父が亡くなり、障害
> 者の一人暮らしになったので、賃貸人から障害者との賃貸借契約を終了
> させて建物の明け渡しを求めたいとの相談を受け賃貸管理業者が賃貸人
> の意向に沿って障害者に対し建物から退去するように求めることは「正
> 当な理由がある」といえるか。

A7 正当な理由があるとはいえません。また、借地借家法上、障害者が一
人暮らしになったことを理由として建物から退去するよう求めることはで
きません。借地借家法28条では、建物の賃貸人による更新拒絶や解約の申
入れは、建物の賃貸人及び賃借人（転借人を含む。）が建物の使用を必要
とする事情のほか、建物の賃貸借に関する従前の経過等の「正当の事由」
があると認められる場合でなければすることができないと規定されていま
す。障害者が一人暮らしになったことをもって直ちに賃貸借契約における

21

Ⅳ　不当な差別的取扱いの禁止

信頼関係を破壊するものではなく、借地借家法28条における「正当の事由」にはあたりません。賃貸管理業者は、賃貸人に対し、一人暮らしになったことだけを理由として賃貸借契約を解除することはできず、当然、明渡しを求めることもできないことを十分に説明し、理解を求める必要があります。

Q8 障害者に対し、優遇的に賃貸することは、障害を理由とする差別的取扱いにあたるか。

A8　障害を理由とする差別的取扱いにあたりません。障害者でない者と比べて、障害者を優遇して取り扱うこと（いわゆる優遇的改善措置）は、むしろ、障害者の社会参加や自律的な生活を推進し、障害を理由とする差別の解消を推進するものと位置づけることができます。

V　合理的配慮の提供

1　合理的配慮の提供に関する規律

　行政機関等は、その事務又は事業を行うに当たり、障害者から現に社会的障壁の除去を必要としている旨の意思の表明があった場合において、その実施に伴う負担が過重でないときは、障害者の権利利益を侵害することとならないよう、当該障害者の性別、年齢及び障害の状態に応じて、社会的障壁の除去の実施について必要かつ合理的な配慮をしなければならないと規定されています（法7条2項）。

　これに対し、事業者は、その事業を行うに当たり、障害者から現に社会的障壁の除去を必要としている旨の意思の表明があった場合において、その実施に伴う負担が過重でないときは、障害者の権利利益を侵害することとならないよう、当該障害者の性別、年齢及び障害の状態に応じて、社会的障壁の除去の実施について必要かつ合理的な配慮をするように努めなければならないと規定されています（法8条2項）。

　障害者差別解消法は、合理的配慮の提供について行政機関等に対し法的義務としていますが、事業者に対しては努力義務としています。

　合理的配慮の提供は、例えば、不動産取引の個別具体的な場面において、社会的障壁の除去を必要としている障害者が現に存し、その障害者から社会的障壁の除去を必要としている旨の意思の表明があった場合の個別の対応です。

2　合理的配慮の提供

(1)　基本的な考え方

　障害者権利条約2条では、合理的配慮は、「障害者が他の者との平等

V　合理的配慮の提供

を基礎として全ての人権及び基本的自由を享有し、又は行使することを確保するための必要かつ適当な変更及び調整であって、特定の場合において必要とされるものであり、かつ、均衡を失した又は過度の負担を課さないもの」と定義されていますが、障害者差別解消法においては「合理的配慮」の定義はありません。

　そこで、基本方針では、障害者権利条約における定義を踏まえて、合理的配慮について、「障害者が受ける制限は、障害のみに起因するものではなく、社会における様々な障壁と相対することによって生ずるものとのいわゆる『社会モデル』の考え方を踏まえたものであり、障害者の権利利益を侵害することとならないよう、障害者が個々の場面において必要としている社会的障壁を除去するための必要かつ合理的な取組であり、その実施に伴う負担が過重でないものである。」とし、「合理的配慮は、行政機関等及び事業者の事務・事業の目的・内容・機能に照らし、必要とされる範囲で本来の業務に付随するものに限られること、障害者でない者との比較において同等の機会の提供を受けるためのものであること、事務・事業の目的・内容・機能の本質的な変更には及ばないことに留意する必要がある。」としています。

　国土交通省は、対応指針において次のように定めています。

国土交通省対応指針「合理的配慮の基本的な考え方　(1)　趣旨」

・　法は、事業者に対し、その事業を行うに当たり、個々の場面において、障害者から現に社会的障壁の除去を必要としている旨の意思の表明があった場合、その実施に伴う負担が過重でないときは、障害者の権利利益を侵害することとならないよう、社会的障壁の除去の実施について、必要かつ合理的な配慮（合理的配慮）を行うことを求めている。

・　合理的配慮は、事業者の事務・事業の目的・内容・機能に照らし、必要とされる範囲で本来の業務に付随するものに限られること、障害者でない者との比較において同等の機会の提供を受けるためのものであること、事務・事業の目的・内容・機能の本質的な変更には及ばないことに留意する必要がある。したがって、例えば、医療行為など実施にあたって高度な専門知識や法

V 合理的配慮の提供

令上の資格が必要とされる行為や、食事・排泄等の介助行為などは、国土交通省所管事業の本来の業務に付随するものとはいえず、合理的配慮の対象外と考えられる。

・ 合理的配慮は、障害の特性や社会的障壁の除去が求められる具体的場面や状況に応じて異なり、多様かつ個別性の高いものであり、当該障害者が現に置かれている状況を踏まえ、社会的障壁の除去のための手段及び方法について、以下(3)の過重な負担の判断要素を考慮し、代替措置の選択も含め、双方の建設的対話による相互理解を通じて、必要かつ合理的な範囲で、柔軟に対応がなされるものである。さらに、合理的配慮の内容は、技術の進展、社会情勢の変化等に応じて変わり得るものである。

・ 合理的配慮の提供に当たっては、障害者の性別、年齢、状態等に配慮するものとする。

・ なお、障害の状況等が変化することもあるため、特に障害者との関係性が長期にわたる場合等には、提供する合理的配慮について、適宜見直しを行うことが重要である。

　　例えば、点字ブロックがないことは視覚障害者にとっての社会的障壁になりえますが、聴覚障害者にとっては社会的障壁にあたらないというように、何が社会的障壁にあたるかは、障害者の障害の内容・程度、障害者が遭遇している個々の場面によって様々です。特に不動産取引における合理的配慮の提供は、個々の障害者の障害の内容・程度や取引対象、取引内容（売買・賃貸・仲介など）、取引事情・取引段階、契約関係等に応じてなされるものであるため、多様性に富み、個別性が高いという性質があります。さらに、合理的配慮の内容は、環境の整備や技術の進展、社会情勢の変化等に応じて変わり得るものです。このように必要される合理的配慮は様々であることから、合理的配慮の提供を法的義務とすると、事業者にとって重い負担となる場面も出てきます。そこで、障害者差別解消法は、事業者については合理的配慮の提供を法的義務ではなく努力義務として定めました。

(2)　その事業を行うにあたり

V　合理的配慮の提供

　　合理的配慮は、事業者の事務・事業の目的・内容・機能に照らし、必要とされる範囲で本来の業務に付随するものに限られます。例えば、医療行為など実施に当たって高度な専門知識や法令上の資格が必要とされる行為や、食事・排泄等の介助行為などは、宅地建物取引業や建物賃貸業、賃貸管理業、マンション管理業等の不動産取引に関わる事業者にとって本来の業務に付随するものとはいえず、合理的配慮の対象外と考えられます（対応指針）。

⑶　**障害者からの意思の表明**

　　障害者差別解消法は、「障害者から現に社会的障壁の除去を必要としている旨の意思の表明があった場合において」（法8条2項）と定めています。

　　障害者からの意思の表明は、その障害者が他人とコミュニケーションを図る際に必要な手段（手話通訳、要約筆記等を介するものを含む。）によりなされます。コミュニケーションを図る手段としては、例えば、手話を含む言語、点字、拡大文字、筆談、実物の提示や身振りサイン等による合図、触覚による意思伝達などがあります。また、障害者本人からの意思表明に限られません。障害者本人の意思の表明が困難な場合には、障害者の家族や支援者・介助者など障害者のコミュニケーションを支援する者が本人を補佐して行う意思の表明も含みます。意思の表明が困難な障害者が、家族、支援者、介助者等を伴っていない場合など、意思の表明がない場合であっても、当該障害者が社会的障壁の除去を必要としていることが明白である場合には、事業者が法の趣旨を踏まえ、当該障害者に対して適切と思われる配慮を提案するために建設的対話を働きかけるなど、自主的な取組に努めることが望ましい（基本方針・対応指針）とされています。

　　障害者の障害の内容、程度、障害者が遭遇している個々の場面によって、社会的障壁の内容は様々であることを踏まえると、障害者から社会的障壁の除去を必要としている意思の表明があった場合に、事業者が柔軟な対応をすることが求められます。

26

V　合理的配慮の提供

⑷　過重な負担

　過重な負担に相当するか否かについて、個別の事案ごとに、以下の要素等を考慮し、具体的場面や状況に応じて総合的・客観的に判断することが必要です。基本方針・対応指針によれば、①事務・事業への影響の程度（事務・事業の目的・内容・機能を損なうか否か）、②実現可能性の程度（物理的・技術的制約、人的・体制上の制約）、③費用・負担の程度、④事務・事業規模、⑤財政・財務状況などが考慮要素として挙げられています。

　「過重な負担」にあたるかどうかの判断は、主観的な判断に委ねられるのではなく、客観的な事実によって裏づけられ、第三者の立場から見ても納得を得られるような「客観性」が必要です。

　さらに、事業者は、過重な負担に当たると判断した場合は、障害者にその理由を説明するものとし、理解を得るよう努めることが望ましいとされています（対応指針）。つまり、障害者に理由を説明できるような客観性を備えた判断である必要があるということなのです。

国土交通省対応指針「合理的配慮の基本的な考え方　⑶　過重な負担の基本的な考え方」
・　事業者は、過重な負担に当たると判断した場合は、障害者にその理由を説明するものとし、理解を得るよう努めることが望ましい。
・　「過重な負担」とは、主観的な判断に委ねられるのではなく、その主張が客観的な事実によって裏付けられ、第三者の立場から見ても納得を得られるような「客観性」が必要とされるものである。また、「過重な負担」を根拠に、合理的配慮の提供を求める法の趣旨が形骸化されるべきではなく、拡大解釈や具体的な検討もなく合理的配慮の提供を行わないといったことは適切ではない。

⑸　合理的配慮の提供の例

ア　物理的環境への合理的配慮の例としては、例えば、車椅子利用者のた

Ⅴ　合理的配慮の提供

めに段差に携帯スロープを渡すとか、分譲マンション購入時に専有住戸
の間取りや高さ、仕様の変更等に応じることがあります。

イ　不動産取引における当事者間の意思疎通についての合理的配慮の例と
しては、例えば、聴覚障害者との契約交渉では、筆談、読み上げ、手話
によるコミュニケーション、わかりやすい表現を使って説明したり、間
取り図を具体的に説明するとか大きな声でゆっくり話すことがありま
す。

意思疎通について合理的配慮を行うことで、障害者でない者との比較
において、同等の機会の提供が相当改善されるといえます。

ウ　従前のルール・取引慣行の柔軟な変更

事業者は、合理的配慮の提供にあたっては、当該障害者等との話し合
いなどにより、その意向を十分に把握・尊重しつつ、また障害の特性な
どにかんがみて具体的にどのような措置を講じるか検討・調整を行うよ
う努めることになります。例えば、売買・賃貸借契約の締結行為や重要
事項説明に際して、障害の特性に応じて適宜休憩時間を設けるとか、社
内の内規で本人確認方法として電話による本人確認をすることとされて
いる場合にファックスやメール、面談による本人確認に変更するといっ
たことがあります。また、面談、打ち合わせ時間を通常よりも長くとる
とか、賃借人の費用による改装工事等について、家主との間の調整及び
退去時の原状回復に備えた賃貸借契約書を整備するとか、契約条件、契
約内容についてわかりやすい言葉を用いて説明するとか、補助犬（盲導
犬、聴導犬、介助犬）の利用について賃貸人に説明して理解を求めると
いったことが挙げられます。

身体障害者補助犬の概要・利用方法（厚生労働省）より

　　　　http://www.mhlw.go.jp/bunya/shougaihoken/hojoken/gaiyo.html

1　身体障害者補助犬とは

　身体障害者補助犬（以下、「補助犬」という。）とは、盲導犬・介助犬・聴導
犬の三種の犬のことをいいます。それぞれの仕事内容は異なりますが、「身体障

害者の自立と社会参加を促進する」という目的は同じです。

【盲導犬】

視覚障害者の安全で快適な歩行をサポートします。道路交通法第14条に定める犬であって、政令で定めるハーネス（胴輪）をつけています。使用者に「障害物・曲がり角・段差」を教えてくれます。

【介助犬】

肢体不自由者の日常の生活動作のサポートをしてくれます。落としたものを拾って渡す、手の届かないものを持ってくる、ドアの開閉、冷蔵庫や引き出しの開閉、スイッチ操作などのほか、歩行介助、起立や移乗（トランスファー）の補助などを行います。外から見てわかるように「介助犬」と書いた表示を付けています。

【聴導犬】

聴覚障害者に音を聞き分けて教え、音源へ誘導します。玄関のチャイム音・ファックス受信音・キッチンタイマー・赤ちゃんの泣き声・車のクラクションや自転車のベル・非常ベルなどを教えてくれます。また、「聴導犬」の表示をつけていることで、周囲の人が聴覚障害者であることに気がつくという効果もあります。

身体障害者補助犬の受け入れについて（厚生労働省）より

http://www.mhlw.go.jp/bunya/shougaihoken/hojoken/ukeire.html

1　補助犬同伴を受け入れるために（事業者へのアドバイス）

（1）　ふつうのペットとの区別

盲導犬は白または黄色のハーネス（胴輪）が目印であり、介助犬・聴導犬は胴着などに表示をつけています。また、使用者本人には認定証（盲導犬の場合は使用者証）の携帯が義務づけられているほか、補助犬の公衆衛生上の安全性を証明する「身体障害者補助犬健康管理手帳」などの健康管理記録を携帯しています。

これらの表示等をすることなく、犬同伴のお客様が「補助犬」と称して施設などの利用を主張しても、規定の表示をしていない場合は事業者側に受け入れの義務はありません。

補助犬かどうかの確認が必要な場合、事業者は使用者に認定証の提示を求めることができます。補助犬を受け入れる際に「認定証を確認させていただ

V 合理的配慮の提供

けますか？」と声をかけることは、補助犬使用者に対して失礼にはあたりません。

(2) 啓発の方法

　お客様に個別に説明することも重要ですが、施設内にステッカーやポスターなどを掲示することは、啓発に大変有効です。その際にはお客様へのご説明事項を簡潔に書くとよいでしょう。

　　説明事項の例：当店では補助犬の同伴ができます。ペットの持ち込みはできません。等

「身体障害者補助犬法」を知っていますか？（厚生労働省）より

　　　http://www.mhlw.go.jp/topics/bukyoku/syakai/hojyoken/html/a01.html

身体障害者補助犬法（平成14年5月29日法律第49号）

　　　http://law.e-gov.go.jp/htmldata/H14/H14H0049.html

3 　検討事例

Q1　合理的配慮の提供にあたって、障害者に障害の状況等を確認することは、「正当な理由がある」といえるか。

A1　障害者に対し合理的配慮を提供等しようとすると、障害者に対し障害の内容や程度等を確認しなければ、どのような合理的配慮を提供してよいかわかりません。合理的配慮を提供するために必要な範囲で、プライバシーに配慮しつつ、障害者に障害の状況等を確認することは、正当な理由があるといえます。

Q2　障害者が売主である宅建業者と宅地建物の売買契約を締結しようとしたところ、会社の内規で契約に際して、必ず自筆による署名捺印を求めていた場合、宅建業者はどのような配慮をすべきか。

V 合理的配慮の提供

A 2 不動産取引においては、契約書の署名押印だけでなく、様々な書類に自筆での署名押印が求められます。しかし、必ず自筆での署名を要するとすると、結果として、様々な障害のために自筆での署名ができない障害者を契約締結行為から排除することになってしまいます。もともと、契約締結行為において契約当事者の本人の自筆による署名が求められるのは、本人が契約内容を理解し合意する意思を確認することにあります。後日、本人が「自分の署名ではない」とか「そのような契約をするつもりはなかった」という紛争を防ぐためです。自筆による署名を求める契約方法については事案に応じて柔軟に対応し、障害者本人または家族などからの契約締結の意思確認を行ったうえで、代筆という代替的措置をとることも一つの方法です。契約締結の意思確認を行い、自筆での署名を行うことができない理由を明記することは合理的配慮の提供の一つの例になりえます。参考になるのは、金融機関での代筆です。現在、金融機関の職員による代筆の導入、浸透が進んでいます。

「視覚障がい者に対する金融機関職員による代筆の推進（概要）」
 http://www.soumu.go.jp/main_content/000078743.pdf
「視覚障がい者に対する金融機関職員による代筆の推進（回答）」
 http://www.soumu.go.jp/main_content/000108054.pdf
　視覚障害者からの「金融機関で口座開設をするため、身体障害者手帳と印鑑を提示した上で、窓口職員に申請書の代筆を頼んだところ、自筆が原則だと断わられ、口座開設をあきらめざるを得なかった。視覚障害者の方が金融機関窓口で代筆を求めた場合には、どこの金融機関でも応じられるようにしてほしい」との行政相談がなされ、総務庁行政評価局のあっせんにより、金融機関の職員による代筆の導入・浸透について、平成22年9月時点において都市銀行等及び労働金庫では100％、地域銀行でも約98％で内部整備が進んでいる。

Q 3 障害者が賃貸住宅の賃借を希望するに際して、仲介業者が賃貸人に対し、賃借希望者が障害者であることを伝える場合に、仲介業者として

31

V 合理的配慮の提供

何か配慮することはあるか。

A3 仲介業者が建物賃貸仲介に際して、賃貸借契約締結及び契約締結後の契約関係の継続に向けて合理的配慮の提供をするために、障害者のプライバシーに配慮しながら、賃貸人に障害者の障害の内容や程度、生活状況等を伝えることは「正当な理由」があるため、不当な差別的取扱いにあたりません。

賃貸人や仲介業者が合理的配慮の提供をしようとしても、障害者の障害の内容・程度、生活状況等を確認しなければ、具体的にどのような合理的配慮が望ましいのかがわからないからです。障害者差別解消法は、障害の社会モデルの考え方を踏まえていますから、社会的障壁の除去のために賃借希望者が障害を有していることを伝えることは「正当な理由」があるものとして、障害を理由とした差別的取扱いにはあたりません。しかし、その伝え方やその内容については、障害者の個人のプライバシーに配慮し障害者本人の意向を十分に確認しなければなりません。障害者に対して、社会的障壁の除去のために障害の内容、程度について伝えることを事前に説明し、了解を得るようにしましょう。

Q4 賃貸住宅において、障害者が自分の費用で部屋の内部をバリアフリーにしたいと希望を述べてきた場合に、仲介業者としてどのように対応すべきか。

A4 建物賃貸借契約が終了し退去する際に原状回復の程度等について紛争にならないように、契約締結前に、賃貸人との間で、誰の費用と責任で、どこまで原状回復を行うのかについて、できるだけ具体的に取り決めておくことが必要です。

後日の紛争を防ぐということは、賃借人が障害者であるか否かにかかわらず、建物賃貸借契約においては重要な事柄であり、このような取り決め

32

V　合理的配慮の提供

は、本来、すべての建物賃貸借契約においてなされることが望ましいものです。特に賃借人が入居に際して部屋の内部に改装工事を施す場合には、仲介業者は賃貸人と賃借人との間で協議を行い、工事区分表を作成したり、賃貸借契約時の「原状」がどのような状態であったのかについて争いが生じないように、その内容や程度を具体的に明記する等によって、原状回復の内容を明確にしておくのも一つの方法です。

VI 差別を解消するための措置に対する実効性の確保

VI　差別を解消するための措置に対する実効性の確保

1　事業分野別の対応指針の策定

　障害者差別解消法は、事業者に対し、障害を理由とする不当な差別的取扱いを禁止し、合理的配慮の提供の努力義務を規定し（法8条）、主務大臣が事業分野別の対応指針を定めます（法11条）。対応指針について前記 II 4(3)ウ（本書10頁）参照。

2　報告の徴収並びに助言、指導及び勧告

　主務大臣は、法8条の規定の施行に関し、特に必要があると認めるときは、対応指針に定める事項について、当該事業者に対し、報告を求め、または助言、指導もしくは勧告をすることができます（法12条）。

　主務大臣とは特定の行政事務の遂行について権限を有する大臣をいいます。宅地建物取引業、マンション管理業、賃貸住宅管理業についての主務大臣は国土交通大臣です。

　差別を解消するための措置について実効性を確保するため、主務大臣は、当該事業者に対し対応指針に定める事項について一定の事実を報告するよう求めることができます。法12条の規定による報告をせず、または虚偽の報告をした者は、20万円以下の過料に処せられます（法26条）。助言、指導、勧告は、主務大臣が事業者に対しなすべきことを進言したり、一定の方向を指し示したり、促すことをいい、法律上事業者を拘束するものではありません。ただし、例えば、宅建業者が障害者差別解消法または対応指針に反し国土交通大臣から勧告を受けた場合、その後に勧告事項の措置状況等について国土交通大臣が当該宅建業者に報告を求めることがあります。

Ⅵ　差別を解消するための措置に対する実効性の確保

　法12条は、主務大臣に関する規定ですが、主務大臣の権限に属する事務
で都道府県知事が行うこととされているときは、知事が事業者に対し報告
を求め、または助言、指導もしくは勧告することとされています（施行令
３条）。例えば、宅地建物取引業の知事免許業者に対しては、都道府県知
事が当該宅建業者に対し報告を求め、助言、指導もしくは勧告をすること
ができます。

　「障害を理由とする差別の解消に適正かつ効率的に対処するために特に
必要があると認めるときは、主務大臣が自らその事務を行うことを妨げな
い。」（施行令３条ただし書）とされていることから、特に必要があると認
めるときは、国土交通大臣が知事免許業者に対して報告を求め、助言、指
導もしくは勧告をすることができます。

　なお、条例に基づく知事による勧告については前記Ⅱ５（本書11頁）参
照。

35

Ⅶ　国・地方公共団体による支援措置

Ⅶ　国・地方公共団体による支援措置

　国及び地方公共団体は、差別を解消するための支援措置として、次のように定めています。

①　相談及び紛争の防止・解決のための体制の整備

　　国及び地方公共団体は、障害者及びその家族その他の関係者からの障害を理由とする差別に関する相談に的確に応ずるとともに、障害を理由とする差別に関する紛争の防止または解決を図ることができるよう必要な体制の整備を図るものとされています（法14条）。これまで障害者等からの相談や紛争解決については、福祉事務所・法務局等により対応してきましたが、今後、既存の機関等の活用・充実を図り、相談窓口を明確にし、対応職員の業務の明確化・専門性の向上を図ることにより体制整備をするものです（基本方針）。

②　啓発活動

　　国及び地方公共団体は、障害を理由とする差別の解消について国民の関心と理解を深めるとともに、特に、障害を理由とする差別の解消を妨げている諸要因の解消を図るため、必要な啓発活動を行うものとされています（法15条）。障害者差別は、障害に関する知識・理解の不足などに起因する面が大きく、差別の解消には、ひとえに国民の理解と協力が必要であることから、行政機関等における職員に対する研修、事業者における研修、地域住民等に対する啓発活動等を行うものとしています（基本方針）。

③　情報の収集・整理・提供

　　国は、障害を理由とする差別を解消するための取組に資するよう、国内外における障害を理由とする差別及びその解消のための取組に関する

36

情報の収集、整理及び提供を行うものとしています（法16条）。

④　障害者差別解消支援地域協議会の設置

　　国及び地方公共団体の機関であって、医療、介護、教育その他の障害者の自立と社会参加に関連する分野の事務に従事するものは、障害者差別解消支援地域協議会を組織することができるとし、協議会は、必要な情報の交換、障害者からの相談及び相談事例を踏まえた差別解消のための取組に関する協議を行うことを制度設計しています（法17～20条、基本方針）。

〔**参考**〕

　障害者権利条約については、外務省ホームページ「障害者の権利に関する条約（略称：障害者権利条約）（Convention on the Rights of Persons with Disabilities）」に詳しい。

　　http://www.mofa.go.jp/mofaj/gaiko/jinken/index_shogaisha.html

　障害者権利条約の趣旨を理解する一助として、国際連合広報センター「障害を持つ人々に関するファクトシート（2013年12月04日）」が参考になる。

　　http://www.unic.or.jp/news_press/features_backgrounders/5820/

　第183回国会については、国立国会図書館ホームページの国会会議録検索システム（http://kokkai.ndl.go.jp/）により、参議院及び衆議院の会議録情報を見ることができる。

　　第183回国会　衆議院内閣委員会　第15号（平成25年5月29日）
　　第183回国会　参議院内閣委員会　第12号（平成25年6月13日）
　　　　　　　　　　　　　　　　　　第13号（平成25年6月18日）

〔資料〕

○障害を理由とする差別の解消の推進に関する法律

〔平成25年6月26日〕
〔法 律 第 65 号〕

目次

第1章　総則（第1条−第5条）

第2章　障害を理由とする差別の解消の推進に関する基本方針（第6条）

第3章　行政機関等及び事業者における障害を理由とする差別を解消するための措置（第7条−第13条）

第4章　障害を理由とする差別を解消するための支援措置（第14条−第20条）

第5章　雑則（第21条−第24条）

第6章　罰則（第25条・第26条）

附則

第1章　総則

（目的）

第1条　この法律は、障害者基本法（昭和45年法律第84号）の基本的な理念にのっとり、全ての障害者が、障害者でない者と等しく、基本的人権を享有する個人としてその尊厳が重んぜられ、その尊厳にふさわしい生活を保障される権利を有することを踏まえ、障害を理由とする差別の解消の推進に関する基本的な事項、行政機関等及び事業者における障害を理由とする差別を解消するための措置等を定めることにより、障害を理由とする差別の解消を推進し、もって全ての国民が、障害の有無によって分け隔てられることなく、相互に人格と個性を尊重し合いながら共生する社会の実現に資することを目的とする。

（定義）

第2条　この法律において、次の各号に掲げる用語の意義は、それぞれ当該各号に定めるところによる。

　一　障害者　身体障害、知的障害、精神障害（発達障害を含む。）その他の心身の機能の障害（以下「障害」と総称する。）がある者であって、障害

参考資料

及び社会的障壁により継続的に日常生活又は社会生活に相当な制限を受ける状態にあるものをいう。

二　社会的障壁　障害がある者にとって日常生活又は社会生活を営む上で障壁となるような社会における事物、制度、慣行、観念その他一切のものをいう。

三　行政機関等　国の行政機関、独立行政法人等、地方公共団体（地方公営企業法（昭和27年法律第292号）第3章の規定の適用を受ける地方公共団体の経営する企業を除く。第7号、第10条及び附則第4条第1項において同じ。）及び地方独立行政法人をいう。

四　国の行政機関　次に掲げる機関をいう。

　イ　法律の規定に基づき内閣に置かれる機関（内閣府を除く。）及び内閣の所轄の下に置かれる機関

　ロ　内閣府、宮内庁並びに内閣府設置法（平成11年法律第89号）第49条第1項及び第2項に規定する機関（これらの機関のうちニの政令で定める機関が置かれる機関にあっては、当該政令で定める機関を除く。）

　ハ　国家行政組織法（昭和23年法律第120号）第3条第2項に規定する機関（ホの政令で定める機関が置かれる機関にあっては、当該政令で定める機関を除く。）

　ニ　内閣府設置法第39条及び第55条並びに宮内庁法（昭和22年法律第70号）第16条第2項の機関並びに内閣府設置法第40条及び第56条（宮内庁法第18条第1項において準用する場合を含む。）の特別の機関で、政令で定めるもの

　ホ　国家行政組織法第8条の2の施設等機関及び同法第8条の3の特別の機関で、政令で定めるもの

　ヘ　会計検査院

五　独立行政法人等　次に掲げる法人をいう。

　イ　独立行政法人（独立行政法人通則法（平成11年法律第103号）第2条第1項に規定する独立行政法人をいう。ロにおいて同じ。）

　ロ　法律により直接に設立された法人、特別の法律により特別の設立行為をもって設立された法人（独立行政法人を除く。）又は特別の法律によ

り設立され、かつ、その設立に関し行政庁の認可を要する法人のうち、政令で定めるもの

六　地方独立行政法人　地方独立行政法人法（平成15年法律第118号）第2条第1項に規定する地方独立行政法人（同法第21条第3号に掲げる業務を行うものを除く。）をいう。

七　事業者　商業その他の事業を行う者（国、独立行政法人等、地方公共団体及び地方独立行政法人を除く。）をいう。

（国及び地方公共団体の責務）

第3条　国及び地方公共団体は、この法律の趣旨にのっとり、障害を理由とする差別の解消の推進に関して必要な施策を策定し、及びこれを実施しなければならない。

（国民の責務）

第4条　国民は、第1条に規定する社会を実現する上で障害を理由とする差別の解消が重要であることに鑑み、障害を理由とする差別の解消の推進に寄与するよう努めなければならない。

（社会的障壁の除去の実施についての必要かつ合理的な配慮に関する環境の整備）

第5条　行政機関等及び事業者は、社会的障壁の除去の実施についての必要かつ合理的な配慮を的確に行うため、自ら設置する施設の構造の改善及び設備の整備、関係職員に対する研修その他の必要な環境の整備に努めなければならない。

第2章　障害を理由とする差別の解消の推進に関する基本方針

第6条　政府は、障害を理由とする差別の解消の推進に関する施策を総合的かつ一体的に実施するため、障害を理由とする差別の解消の推進に関する基本方針（以下「基本方針」という。）を定めなければならない。

2　基本方針は、次に掲げる事項について定めるものとする。

一　障害を理由とする差別の解消の推進に関する施策に関する基本的な方向

二　行政機関等が講ずべき障害を理由とする差別を解消するための措置に関する基本的な事項

参考資料

三 事業者が講ずべき障害を理由とする差別を解消するための措置に関する基本的な事項

四 その他障害を理由とする差別の解消の推進に関する施策に関する重要事項

3 内閣総理大臣は、基本方針の案を作成し、閣議の決定を求めなければならない。

4 内閣総理大臣は、基本方針の案を作成しようとするときは、あらかじめ、障害者その他の関係者の意見を反映させるために必要な措置を講ずるとともに、障害者政策委員会の意見を聴かなければならない。

5 内閣総理大臣は、第3項の規定による閣議の決定があったときは、遅滞なく、基本方針を公表しなければならない。

6 前三項の規定は、基本方針の変更について準用する。

第3章 行政機関等及び事業者における障害を理由とする差別を解消するための措置

（行政機関等における障害を理由とする差別の禁止）

第7条 行政機関等は、その事務又は事業を行うに当たり、障害を理由として障害者でない者と不当な差別的取扱いをすることにより、障害者の権利利益を侵害してはならない。

2 行政機関等は、その事務又は事業を行うに当たり、障害者から現に社会的障壁の除去を必要としている旨の意思の表明があった場合において、その実施に伴う負担が過重でないときは、障害者の権利利益を侵害することとならないよう、当該障害者の性別、年齢及び障害の状態に応じて、社会的障壁の除去の実施について必要かつ合理的な配慮をしなければならない。

（事業者における障害を理由とする差別の禁止）

第8条 事業者は、その事業を行うに当たり、障害を理由として障害者でない者と不当な差別的取扱いをすることにより、障害者の権利利益を侵害してはならない。

2 事業者は、その事業を行うに当たり、障害者から現に社会的障壁の除去を必要としている旨の意思の表明があった場合において、その実施に伴う負担が過重でないときは、障害者の権利利益を侵害することとならないよう、当該障害

障害を理由とする差別の解消の推進に関する法律

者の性別、年齢及び障害の状態に応じて、社会的障壁の除去の実施について必要かつ合理的な配慮をするように努めなければならない。

（国等職員対応要領）

第9条　国の行政機関の長及び独立行政法人等は、基本方針に即して、第7条に規定する事項に関し、当該国の行政機関及び独立行政法人等の職員が適切に対応するために必要な要領（以下この条及び附則第3条において「国等職員対応要領」という。）を定めるものとする。

2　国の行政機関の長及び独立行政法人等は、国等職員対応要領を定めようとするときは、あらかじめ、障害者その他の関係者の意見を反映させるために必要な措置を講じなければならない。

3　国の行政機関の長及び独立行政法人等は、国等職員対応要領を定めたときは、遅滞なく、これを公表しなければならない。

4　前2項の規定は、国等職員対応要領の変更について準用する。

（地方公共団体等職員対応要領）

第10条　地方公共団体の機関及び地方独立行政法人は、基本方針に即して、第7条に規定する事項に関し、当該地方公共団体の機関及び地方独立行政法人の職員が適切に対応するために必要な要領（以下この条及び附則第4条において「地方公共団体等職員対応要領」という。）を定めるよう努めるものとする。

2　地方公共団体の機関及び地方独立行政法人は、地方公共団体等職員対応要領を定めようとするときは、あらかじめ、障害者その他の関係者の意見を反映させるために必要な措置を講ずるよう努めなければならない。

3　地方公共団体の機関及び地方独立行政法人は、地方公共団体等職員対応要領を定めたときは、遅滞なく、これを公表するよう努めなければならない。

4　国は、地方公共団体の機関及び地方独立行政法人による地方公共団体等職員対応要領の作成に協力しなければならない。

5　前3項の規定は、地方公共団体等職員対応要領の変更について準用する。

（事業者のための対応指針）

第11条　主務大臣は、基本方針に即して、第8条に規定する事項に関し、事業者が適切に対応するために必要な指針（以下「対応指針」という。）を定めるものとする。

参考資料

2 　第9条第2項から第4項までの規定は、対応指針について準用する。

（報告の徴収並びに助言、指導及び勧告）

第12条 　主務大臣は、第8条の規定の施行に関し、特に必要があると認めるときは、対応指針に定める事項について、当該事業者に対し、報告を求め、又は助言、指導若しくは勧告をすることができる。

（事業主による措置に関する特例）

第13条 　行政機関等及び事業者が事業主としての立場で労働者に対して行う障害を理由とする差別を解消するための措置については、障害者の雇用の促進等に関する法律（昭和35年法律第123号）の定めるところによる。

第4章　障害を理由とする差別を解消するための支援措置

（相談及び紛争の防止等のための体制の整備）

第14条 　国及び地方公共団体は、障害者及びその家族その他の関係者からの障害を理由とする差別に関する相談に的確に応ずるとともに、障害を理由とする差別に関する紛争の防止又は解決を図ることができるよう必要な体制の整備を図るものとする。

（啓発活動）

第15条 　国及び地方公共団体は、障害を理由とする差別の解消について国民の関心と理解を深めるとともに、特に、障害を理由とする差別の解消を妨げている諸要因の解消を図るため、必要な啓発活動を行うものとする。

（情報の収集、整理及び提供）

第16条 　国は、障害を理由とする差別を解消するための取組に資するよう、国内外における障害を理由とする差別及びその解消のための取組に関する情報の収集、整理及び提供を行うものとする。

（障害者差別解消支援地域協議会）

第17条 　国及び地方公共団体の機関であって、医療、介護、教育その他の障害者の自立と社会参加に関連する分野の事務に従事するもの（以下この項及び次条第2項において「関係機関」という。）は、当該地方公共団体の区域において関係機関が行う障害を理由とする差別に関する相談及び当該相談に係る事例を踏まえた障害を理由とする差別を解消するための取組を効果的かつ円滑に行う

46

ため、関係機関により構成される障害者差別解消支援地域協議会（以下「協議会」という。）を組織することができる。

2　前項の規定により協議会を組織する国及び地方公共団体の機関は、必要があると認めるときは、協議会に次に掲げる者を構成員として加えることができる。

一　特定非営利活動促進法（平成10年法律第７号）第２条第２項に規定する特定非営利活動法人その他の団体

二　学識経験者

三　その他当該国及び地方公共団体の機関が必要と認める者

（協議会の事務等）

第18条　協議会は、前条第１項の目的を達するため、必要な情報を交換するとともに、障害者からの相談及び当該相談に係る事例を踏まえた障害を理由とする差別を解消するための取組に関する協議を行うものとする。

2　関係機関及び前条第２項の構成員（次項において「構成機関等」という。）は、前項の協議の結果に基づき、当該相談に係る事例を踏まえた障害を理由とする差別を解消するための取組を行うものとする。

3　協議会は、第１項に規定する情報の交換及び協議を行うため必要があると認めるとき、又は構成機関等が行う相談及び当該相談に係る事例を踏まえた障害を理由とする差別を解消するための取組に関し他の構成機関等から要請があった場合において必要があると認めるときは、構成機関等に対し、相談を行った障害者及び差別に係る事案に関する情報の提供、意見の表明その他の必要な協力を求めることができる。

4　協議会の庶務は、協議会を構成する地方公共団体において処理する。

5　協議会が組織されたときは、当該地方公共団体は、内閣府令で定めるところにより、その旨を公表しなければならない。

（秘密保持義務）

第19条　協議会の事務に従事する者又は協議会の事務に従事していた者は、正当な理由なく、協議会の事務に関して知り得た秘密を漏らしてはならない。

（協議会の定める事項）

第20条　前３条に定めるもののほか、協議会の組織及び運営に関し必要な事項

参考資料

は、協議会が定める。

第5章　雑則

（主務大臣）

第21条　この法律における主務大臣は、対応指針の対象となる事業者の事業を所管する大臣又は国家公安委員会とする。

（地方公共団体が処理する事務）

第22条　第12条に規定する主務大臣の権限に属する事務は、政令で定めるところにより、地方公共団体の長その他の執行機関が行うこととすることができる。

（権限の委任）

第23条　この法律の規定により主務大臣の権限に属する事項は、政令で定めるところにより、その所属の職員に委任することができる。

（政令への委任）

第24条　この法律に定めるもののほか、この法律の実施のため必要な事項は、政令で定める。

第6章　罰則

第25条　第19条の規定に違反した者は、1年以下の懲役又は50万円以下の罰金に処する。

第26条　第12条の規定による報告をせず、又は虚偽の報告をした者は、20万円以下の過料に処する。

　　　附　則〔抄〕

（施行期日）

第1条　この法律は、平成28年4月1日から施行する。ただし、次条から附則第6条までの規定は、公布の日から施行する。

（基本方針に関する経過措置）

第2条　政府は、この法律の施行前においても、第6条の規定の例により、基本方針を定めることができる。この場合において、内閣総理大臣は、この法律の施行前においても、同条の規定の例により、これを公表することができる。

2　前項の規定により定められた基本方針は、この法律の施行の日において第6

条の規定により定められたものとみなす。

（国等職員対応要領に関する経過措置）

第3条　国の行政機関の長及び独立行政法人等は、この法律の施行前においても、第9条の規定の例により、国等職員対応要領を定め、これを公表することができる。

2　前項の規定により定められた国等職員対応要領は、この法律の施行の日において第9条の規定により定められたものとみなす。

（地方公共団体等職員対応要領に関する経過措置）

第4条　地方公共団体の機関及び地方独立行政法人は、この法律の施行前においても、第10条の規定の例により、地方公共団体等職員対応要領を定め、これを公表することができる。

2　前項の規定により定められた地方公共団体等職員対応要領は、この法律の施行の日において第10条の規定により定められたものとみなす。

（対応指針に関する経過措置）

第5条　主務大臣は、この法律の施行前においても、第11条の規定の例により、対応指針を定め、これを公表することができる。

2　前項の規定により定められた対応指針は、この法律の施行の日において第11条の規定により定められたものとみなす。

（政令への委任）

第6条　この附則に規定するもののほか、この法律の施行に関し必要な経過措置は、政令で定める。

（検討）

第7条　政府は、この法律の施行後3年を経過した場合において、第8条第2項に規定する社会的障壁の除去の実施についての必要かつ合理的な配慮の在り方その他この法律の施行の状況について検討を加え、必要があると認めるときは、その結果に応じて所要の見直しを行うものとする。

（障害者基本法の一部改正）

第8条　障害者基本法の一部を次のように改正する。

〔略〕

（内閣府設置法の一部改正）

参考資料

第9条 内閣府設置法の一部を次のように改正する。

〔略〕

○障害を理由とする差別の解消の推進に関する法律案に対する附帯決議

〔平成25年5月29日〕
〔衆議院内閣委員会〕

　政府は、本法の施行に当たっては、次の諸点について適切な措置を講ずべきである。

一　本法が、これまで我が国が取り組んできた国連障害者権利条約の締結に向けた国内法整備の一環として制定されることを踏まえ、同条約の早期締結に向け、早急に必要な手続を進めること。

二　基本方針、対応要領及び対応指針は障害者基本法に定められた分野別の障害者施策の基本的事項を踏まえて作成すること。また、対応要領や対応指針が基本方針に即して作成されることに鑑み、基本方針をできる限り早期に作成するよう努めること。

三　対応要領や対応指針においては、不当な差別的取扱いの具体的事例、合理的配慮の好事例や合理的配慮を行う上での視点等を示すこととし、基本方針においてこれらの基となる基本的な考え方等を示すこと。また、法施行後の障害者差別に関する具体的な相談事例や裁判例の集積等を踏まえ、不当な差別的取扱いや合理的配慮に関する対応要領や対応指針の内容の充実を図ること。

四　合理的配慮に関する過重な負担の判断においては、事業者の事業規模、事業規模から見た負担の程度、事業者の財政状況、業務遂行に及ぼす影響等を総合的に考慮することとし、中小零細企業への影響に配慮すること。また、意思の表明について、障害者本人が自ら意思を表明することが困難な場合にはその家族等が本人を補佐して行うことも可能であることを周知すること。

五　国及び地方公共団体において、グループホームやケアホーム等を含む、障害者関連施設の認可等に際して周辺住民の同意を求めないことを徹底するとともに、住民の理解を得るために積極的な啓発活動を行うこと。

六　障害を理由とする差別に関する相談について「制度の谷間」や「たらい回し」が生じない体制を構築するため、障害者差別解消支援地域協議会の設置状況等を公表するなど、その設置を促進するための方策を講じるとともに、相

参考資料

談・紛争解決制度の活用・充実及び本法に規定される報告徴収等の権限の活用等を図ることにより、実効性の確保に努めること。

七　附則第7条に規定する検討に資するため、障害を理由とする差別に関する具体的な相談事例や裁判例の集積等を図ること。また、同条の検討に際しては、民間事業者における合理的配慮の義務付けの在り方、実効性の確保の仕組み、救済の仕組み等について留意すること。本法の施行後、特に必要性が生じた場合には、施行後3年を待つことなく、本法の施行状況について検討を行い、できるだけ早期に見直しを検討すること。

八　本法が、地方公共団体による、いわゆる上乗せ・横出し条例を含む障害を理由とする差別に関する条例の制定等を妨げ又は拘束するものではないことを周知すること。

○障害を理由とする差別の解消の推進に関する法律案に対する附帯決議

〔平成25年6月18日〕
〔参議院内閣委員会〕

　政府は、本法の施行に当たっては、次の諸点について適切な措置を講ずべきである。

一　本法が、これまで我が国が取り組んできた国連障害者権利条約の締結に向けた国内法整備の一環として制定されることを踏まえ、同条約の早期締結に向け、早急に必要な手続を進めること。また、同条約の趣旨に沿うよう、障害女性や障害児に対する複合的な差別の現状を認識し、障害女性や障害児の人権の擁護を図ること。

二　基本方針、対応要領及び対応指針は、国連障害者権利条約で定めた差別の定義等に基づくとともに、障害者基本法に定められた分野別の障害者施策の基本的事項を踏まえて作成すること。また、対応要領や対応指針が基本方針に即して作成されることに鑑み基本方針をできる限り早期に作成するよう努めること。

三　対応要領や対応指針においては、不当な差別的取扱いの具体的事例、合理的配慮の好事例や合理的配慮を行う上での視点等を示すこととし、基本方針においてこれらの基となる基本的な考え方等を示すこと。また、法施行後の障害者差別に関する具体的な相談事例や裁判例の集積等を踏まえ、不当な差別的取扱いや合理的配慮に関する対応要領や対応指針の内容の充実を図ること。

四　合理的配慮に関する過重な負担の判断においては、その水準が本法の趣旨を不当にゆがめることのない合理的な範囲で設定されるべきであることを念頭に、事業者の事業規模、事業規模から見た負担の程度、事業者の財政状況、業務遂行に及ぼす影響等を総合的に考慮することとし、中小零細企業への影響に配慮すること。また、意思の表明について、障害者本人が自ら意思を表明することが困難な場合にはその家族等が本人を補佐して行うことも可能であることを周知すること。

五　本法の規定に基づき、主務大臣が事業者に対して行った助言、指導及び勧告

参考資料

については、取りまとめて毎年国会に報告すること。

六　国及び地方公共団体において、グループホームやケアホーム等を含む、障害者関連施設の認可等に際して周辺住民の同意を求めないことを徹底するとともに、住民の理解を得るために積極的な啓発活動を行うこと。

七　本法の規定に基づいて行う啓発活動については、障害者への支援を行っている団体等とも連携を図り、効果的に行うこと。

八　障害を理由とする差別に関する相談について「制度の谷間」や「たらい回し」が生じない体制を構築するため、障害者差別解消支援地域協議会の設置状況等を公表するなど、財政措置も含め、その設置を促進するための方策を講じるとともに、相談・紛争解決制度の活用・充実を図ること。また、国の出先機関等が地域協議会に積極的に参加するとともに、本法に規定される報告徴収等の権限の活用等を図ることにより、実効性の確保に努めること。

九　附則第7条に規定する検討に資するため、障害を理由とする差別に関する具体的な相談事例や裁判例の集積等を図ること。また、同条の検討に際しては、民間事業者における合理的配慮の義務付けの在り方、実効性の確保の仕組み、救済の仕組み等について留意すること。本法の施行後、特に必要性が生じた場合には、施行後3年を待つことなく、本法の施行状況について検討を行い、できるだけ早期に見直しを検討すること。

十　本法が、地方公共団体による、いわゆる上乗せ・横出し条例を含む障害を理由とする差別に関する条例の制定等を妨げ又は拘束するものではないことを周知すること。

十一　本法施行後、障害を理由とする差別に関する具体的な相談事例や裁判例の集積等を踏まえ「不当な、差別的取扱い」や「合理的配慮の不提供」の定義を検討すること。

十二　本法第16条に基づく国の「障害を理由とする差別及びその解消のための取組に関する情報の収集、整理及び提供」に関する措置のうち、特に内閣府においては、障害者差別解消支援地域協議会と連携するなどして、差別に関する個別事案を収集し、国民に公開し、有効に活用すること。

　　　右決議する。

○障害を理由とする差別の解消の推進に関する法律施行令

〔平成28年1月29日〕
〔政 令 第 32 号〕

内閣は、障害を理由とする差別の解消の推進に関する法律（平成25年法律第65号）第2条第4号ニ及びホ並びに第5号ロ、第22条並びに第23条の規定に基づき、この政令を制定する。

（法第2条第4号ニ及びホの政令で定める機関）

第1条 障害を理由とする差別の解消の推進に関する法律（以下「法」という。）第2条第4号ニの政令で定める特別の機関は、警察庁とする。

2 法第2条第4号ホの政令で定める特別の機関は、検察庁とする。

（法第2条第5号ロの政令で定める法人）

第2条 法第2条第5号ロの政令で定める法人は、沖縄科学技術大学院大学学園、沖縄振興開発金融公庫、株式会社国際協力銀行、株式会社日本政策金融公庫、原子力損害賠償・廃炉等支援機構、国立大学法人、大学共同利用機関法人、日本銀行、日本司法支援センター、日本私立学校振興・共済事業団、日本中央競馬会、日本年金機構、農水産業協同組合貯金保険機構、放送大学学園及び預金保険機構とする。

（地方公共団体の長等が処理する事務）

第3条 法第12条に規定する主務大臣の権限に属する事務は、事業者が行う事業であって当該主務大臣が所管するものについての報告の徴収、検査、勧告その他の監督に係る権限に属する事務の全部又は一部が他の法令の規定により地方公共団体の長その他の執行機関（以下この条において「地方公共団体の長等」という。）が行うこととされているときは、当該地方公共団体の長等が行うこととする。ただし、障害を理由とする差別の解消に適正かつ効率的に対処するため特に必要があると認めるときは、主務大臣が自らその事務を行うことを妨げない。

（権限の委任）

参考資料

第4条　主務大臣は、内閣府設置法（平成11年法律第89号）第49条第1項の庁の長、国家行政組織法（昭和23年法律第120号）第3条第2項の庁の長又は警察庁長官に、法第11条及び第12条に規定する権限のうちその所掌に係るものを委任することができる。

2　主務大臣（前項の規定によりその権限が内閣府設置法第49条第1項の庁の長又は国家行政組織法第3条第2項の庁の長に委任された場合にあっては、その庁の長）は、内閣府設置法第17条若しくは第53条の官房、局若しくは部の長、同法第17条第1項若しくは第62条第1項若しくは第2項の職若しくは同法第43条若しくは第57条の地方支分部局の長又は国家行政組織法第7条の官房、局若しくは部の長、同法第9条の地方支分部局の長若しくは同法第20条第1項若しくは第2項の職に、法第12条に規定する権限のうちその所掌に係るものを委任することができる。

3　警察庁長官は、警察法（昭和29年法律第162号）第19条第1項の長官官房若しくは局、同条第2項の部又は同法第30条第1項の地方機関の長に、第1項の規定により委任された法第12条に規定する権限を委任することができる。

4　金融庁長官は、事業者の事務所又は事業所の所在地を管轄する財務局長（当該所在地が福岡財務支局の管轄区域内にある場合にあっては、福岡財務支局長）に、第1項の規定により委任された法第12条に規定する権限を委任することができる。

5　主務大臣、内閣府設置法第49条第1項の庁の長、国家行政組織法第3条第2項の庁の長又は警察庁長官は、前各項の規定により権限を委任しようとするときは、委任を受ける職員の官職、委任する権限及び委任の効力の発生する日を公示しなければならない。

　　　附　則〔抄〕

（施行期日）

第1条　この政令は、平成28年4月1日から施行する。

（公益通報者保護法別表第8号の法律を定める政令の一部改正）

第2条　公益通報者保護法別表第8号の法律を定める政令（平成17年政令第146号）の一部を次のように改正する。

〔略〕

障害を理由とする差別の解消の推進に関する法律施行令

（内閣府本府組織令の一部改正）

第3条　内閣府本府組織令（平成12年政令第245号）の一部を次のように改正する。

〔略〕

（復興庁組織令の一部改正）

第4条　復興庁組織令（平成24年政令第22号）の一部を次のように改正する。

〔略〕

参考資料

○障害を理由とする差別の解消の推進に関する法律施行規則

〔平成28年1月29日〕
〔内 閣 府 令 第 2 号〕

　障害を理由とする差別の解消の推進に関する法律（平成25年法律第65号）第18条第5項の規定に基づき、障害を理由とする差別の解消の推進に関する法律施行規則を次のように定める。

1　　障害を理由とする差別の解消の推進に関する法律第18条第5項の規定による公表は、障害者差別解消支援地域協議会の名称及び構成員の氏名又は名称について行うものとする。
2　　前項の規定による公表は、地方公共団体の公報への掲載、インターネットの利用その他の適切な方法により行うものとする。

　　　附　　則

　この府令は、平成28年4月1日から施行する。

○障害を理由とする差別の解消の推進に関する基本方針

〔平成27年2月24日〕
〔閣　議　決　定〕

　政府は、障害を理由とする差別の解消の推進に関する法律（平成25年法律第65号。以下「法」という。）第6条第1項の規定に基づき、障害を理由とする差別の解消の推進に関する基本方針（以下「基本方針」という。）を策定する。基本方針は、障害を理由とする差別（以下「障害者差別」という。）の解消に向けた、政府の施策の総合的かつ一体的な実施に関する基本的な考え方を示すものである。

第1　障害を理由とする差別の解消の推進に関する施策に関する基本的な方向

1　法制定の背景

　近年、障害者の権利擁護に向けた取組が国際的に進展し、平成18年に国連において、障害者の人権及び基本的自由の享有を確保すること並びに障害者の固有の尊厳の尊重を促進するための包括的かつ総合的な国際条約である障害者の権利に関する条約（以下「権利条約」という。）が採択された。我が国は、平成19年に権利条約に署名し、以来、国内法の整備を始めとする取組を進めてきた。

　権利条約は第2条において、「「障害に基づく差別」とは、障害に基づくあらゆる区別、排除又は制限であって、政治的、経済的、社会的、文化的、市民的その他のあらゆる分野において、他の者との平等を基礎として全ての人権及び基本的自由を認識し、享有し、又は行使することを害し、又は妨げる目的又は効果を有するものをいう。障害に基づく差別には、あらゆる形態の差別（合理的配慮の否定を含む。）を含む。」と定義し、その禁止について、締約国に全ての適当な措置を求めている。我が国においては、平成16年の障害者基本法（昭和45年法律第84号）の改正において、障害者に対する差別の禁止が基本的理念として明示され、さらに、平成23年の同法改正の際には、権利条約の趣旨を踏まえ、同法第2条第2号において、社会的障壁につい

参考資料

て、「障害がある者にとつて日常生活又は社会生活を営む上で障壁となるような社会における事物、制度、慣行、観念その他一切のものをいう。」と定義されるとともに、基本原則として、同法第4条第1項に、「何人も、障害者に対して、障害を理由として、差別することその他の権利利益を侵害する行為をしてはならない」こと、また、同条第2項に、「社会的障壁の除去は、それを必要としている障害者が現に存し、かつ、その実施に伴う負担が過重でないときは、それを怠ることによつて前項の規定に違反することとならないよう、その実施について必要かつ合理的な配慮がされなければならない」ことが規定された。

　法は、障害者基本法の差別の禁止の基本原則を具体化するものであり、全ての国民が、障害の有無によって分け隔てられることなく、相互に人格と個性を尊重し合いながら共生する社会の実現に向け、障害者差別の解消を推進することを目的として、平成25年6月に制定された。我が国は、本法の制定を含めた一連の障害者施策に係る取組の成果を踏まえ、平成26年1月に権利条約を締結した。

2　基本的な考え方

(1)　法の考え方

　全ての国民が、障害の有無によって分け隔てられることなく、相互に人格と個性を尊重し合いながら共生する社会を実現するためには、日常生活や社会生活における障害者の活動を制限し、社会への参加を制約している社会的障壁を取り除くことが重要である。このため、法は、後述する、障害者に対する不当な差別的取扱い及び合理的配慮の不提供を差別と規定し、行政機関等及び事業者に対し、差別の解消に向けた具体的取組を求めるとともに、普及啓発活動等を通じて、障害者も含めた国民一人ひとりが、それぞれの立場において自発的に取り組むことを促している。

　特に、法に規定された合理的配慮の提供に当たる行為は、既に社会の様々な場面において日常的に実践されているものもあり、こうした取組を広く社会に示すことにより、国民一人ひとりの、障害に関する正しい知識の取得や理解が深まり、障害者との建設的対話による相互理解が促進され、取組の裾

野が一層広がることを期待するものである。

(2)　基本方針と対応要領・対応指針との関係

　　基本方針に即して、国の行政機関の長及び独立行政法人等においては、当該機関の職員の取組に資するための対応要領を、主務大臣においては、事業者における取組に資するための対応指針を作成することとされている。地方公共団体及び公営企業型以外の地方独立行政法人（以下「地方公共団体等」という。）については、地方分権の観点から、対応要領の作成は努力義務とされているが、積極的に取り組むことが望まれる。

　　対応要領及び対応指針は、法に規定された不当な差別的取扱い及び合理的配慮について、具体例も盛り込みながら分かりやすく示しつつ、行政機関等の職員に徹底し、事業者の取組を促進するとともに、広く国民に周知するものとする。

(3)　条例との関係

　　地方公共団体においては、近年、法の制定に先駆けて、障害者差別の解消に向けた条例の制定が進められるなど、各地で障害者差別の解消に係る気運の高まりが見られるところである。法の施行後においても、地域の実情に即した既存の条例（いわゆる上乗せ・横出し条例を含む。）については引き続き効力を有し、また、新たに制定することも制限されることはなく、障害者にとって身近な地域において、条例の制定も含めた障害者差別を解消する取組の推進が望まれる。

第2　行政機関等及び事業者が講ずべき障害を理由とする差別を解消するための措置に関する共通的な事項

1　法の対象範囲

(1)　障害者

　　対象となる障害者は、障害者基本法第2条第1号に規定する障害者、即ち、「身体障害、知的障害、精神障害（発達障害を含む。）その他の心身の機能の障害（以下「障害」と総称する。）がある者であつて、障害及び社会的障壁により継続的に日常生活又は社会生活に相当な制限を受ける状態にあるもの」である。これは、障害者が日常生活又は社会生活において受ける制限

参考資料

は、身体障害、知的障害、精神障害（発達障害を含む。）その他の心身の機能の障害（難病に起因する障害を含む。）のみに起因するものではなく、社会における様々な障壁と相対することによって生ずるものとのいわゆる「社会モデル」の考え方を踏まえている。したがって、法が対象とする障害者は、いわゆる障害者手帳の所持者に限られない。なお、高次脳機能障害は精神障害に含まれる。

また、特に女性である障害者は、障害に加えて女性であることにより、更に複合的に困難な状況に置かれている場合があること、障害児には、成人の障害者とは異なる支援の必要性があることに留意する。

(2) 事業者

対象となる事業者は、商業その他の事業を行う者（地方公共団体の経営する企業及び公営企業型地方独立行政法人を含み、国、独立行政法人等、地方公共団体及び公営企業型以外の地方独立行政法人を除く。）であり、目的の営利・非営利、個人・法人の別を問わず、同種の行為を反復継続する意思をもって行う者である。したがって、例えば、個人事業者や対価を得ない無報酬の事業を行う者、非営利事業を行う社会福祉法人や特定非営利活動法人も対象となる。

(3) 対象分野

法は、日常生活及び社会生活全般に係る分野が広く対象となる。ただし、行政機関等及び事業者が事業主としての立場で労働者に対して行う障害を理由とする差別を解消するための措置については、法第13条により、障害者の雇用の促進等に関する法律（昭和35年法律第123号）の定めるところによることとされている。

2　不当な差別的取扱い

(1) 不当な差別的取扱いの基本的な考え方

ア　法は、障害者に対して、正当な理由なく、障害を理由として、財・サービスや各種機会の提供を拒否する又は提供に当たって場所・時間帯などを制限する、障害者でない者に対しては付さない条件を付けることなどにより、障害者の権利利益を侵害することを禁止している。

なお、障害者の事実上の平等を促進し、又は達成するために必要な特別の措置は、不当な差別的取扱いではない。

イ　したがって、障害者を障害者でない者と比べて優遇する取扱い（いわゆる積極的改善措置）、法に規定された障害者に対する合理的配慮の提供による障害者でない者との異なる取扱いや、合理的配慮を提供等するために必要な範囲で、プライバシーに配慮しつつ障害者に障害の状況等を確認することは、不当な差別的取扱いには当たらない。不当な差別的取扱いとは、正当な理由なく、障害者を、問題となる事務・事業について本質的に関係する諸事情が同じ障害者でない者より不利に扱うことである点に留意する必要がある。

(2)　正当な理由の判断の視点

　正当な理由に相当するのは、障害者に対して、障害を理由として、財・サービスや各種機会の提供を拒否するなどの取扱いが客観的に見て正当な目的の下に行われたものであり、その目的に照らしてやむを得ないと言える場合である。行政機関等及び事業者においては、正当な理由に相当するか否かについて、個別の事案ごとに、障害者、事業者、第三者の権利利益（例：安全の確保、財産の保全、事業の目的・内容・機能の維持、損害発生の防止等）及び行政機関等の事務・事業の目的・内容・機能の維持等の観点に鑑み、具体的場面や状況に応じて総合的・客観的に判断することが必要である。行政機関等及び事業者は、正当な理由があると判断した場合には、障害者にその理由を説明するものとし、理解を得るよう努めることが望ましい。

3　合理的配慮

(1)　合理的配慮の基本的な考え方

ア　権利条約第2条において、「合理的配慮」は、「障害者が他の者との平等を基礎として全ての人権及び基本的自由を享有し、又は行使することを確保するための必要かつ適当な変更及び調整であって、特定の場合において必要とされるものであり、かつ、均衡を失した又は過度の負担を課さないもの」と定義されている。

　　法は、権利条約における合理的配慮の定義を踏まえ、行政機関等及び

参考資料

事業者に対し、その事務・事業を行うに当たり、個々の場面において、障害者から現に社会的障壁の除去を必要としている旨の意思の表明があった場合において、その実施に伴う負担が過重でないときは、障害者の権利利益を侵害することとならないよう、社会的障壁の除去の実施について、必要かつ合理的な配慮（以下「合理的配慮」という。）を行うことを求めている。合理的配慮は、障害者が受ける制限は、障害のみに起因するものではなく、社会における様々な障壁と相対することによって生ずるものとのいわゆる「社会モデル」の考え方を踏まえたものであり、障害者の権利利益を侵害することとならないよう、障害者が個々の場面において必要としている社会的障壁を除去するための必要かつ合理的な取組であり、その実施に伴う負担が過重でないものである。

合理的配慮は、行政機関等及び事業者の事務・事業の目的・内容・機能に照らし、必要とされる範囲で本来の業務に付随するものに限られること、障害者でない者との比較において同等の機会の提供を受けるためのものであること、事務・事業の目的・内容・機能の本質的な変更には及ばないことに留意する必要がある。

イ　合理的配慮は、障害の特性や社会的障壁の除去が求められる具体的場面や状況に応じて異なり、多様かつ個別性の高いものであり、当該障害者が現に置かれている状況を踏まえ、社会的障壁の除去のための手段及び方法について、「(2)　過重な負担の基本的な考え方」に掲げた要素を考慮し、代替措置の選択も含め、双方の建設的対話による相互理解を通じて、必要かつ合理的な範囲で、柔軟に対応がなされるものである。さらに、合理的配慮の内容は、技術の進展、社会情勢の変化等に応じて変わり得るものである。

現時点における一例としては、

・車椅子利用者のために段差に携帯スロープを渡す、高い所に陳列された商品を取って渡すなどの物理的環境への配慮

・筆談、読み上げ、手話などによるコミュニケーション、分かりやすい表現を使って説明をするなどの意思疎通の配慮

・障害の特性に応じた休憩時間の調整などのルール・慣行の柔軟な変更

などが挙げられる。合理的配慮の提供に当たっては、障害者の性別、年齢、状態等に配慮するものとする。内閣府及び関係行政機関は、今後、合理的配慮の具体例を蓄積し、広く国民に提供するものとする。

なお、合理的配慮を必要とする障害者が多数見込まれる場合、障害者との関係性が長期にわたる場合等には、その都度の合理的配慮の提供ではなく、後述する環境の整備を考慮に入れることにより、中・長期的なコストの削減・効率化につながる点は重要である。

ウ　意思の表明に当たっては、具体的場面において、社会的障壁の除去に関する配慮を必要としている状況にあることを言語（手話を含む。）のほか、点字、拡大文字、筆談、実物の提示や身振りサイン等による合図、触覚による意思伝達など、障害者が他人とコミュニケーションを図る際に必要な手段（通訳を介するものを含む。）により伝えられる。

また、障害者からの意思表明のみでなく、知的障害や精神障害（発達障害を含む。）等により本人の意思表明が困難な場合には、障害者の家族、介助者等、コミュニケーションを支援する者が本人を補佐して行う意思の表明も含む。

なお、意思の表明が困難な障害者が、家族、介助者等を伴っていない場合など、意思の表明がない場合であっても、当該障害者が社会的障壁の除去を必要としていることが明白である場合には、法の趣旨に鑑みれば、当該障害者に対して適切と思われる配慮を提案するために建設的対話を働きかけるなど、自主的な取組に努めることが望ましい。

エ　合理的配慮は、障害者等の利用を想定して事前に行われる建築物のバリアフリー化、介助者等の人的支援、情報アクセシビリティの向上等の環境の整備（「第5」において後述）を基礎として、個々の障害者に対して、その状況に応じて個別に実施される措置である。したがって、各場面における環境の整備の状況により、合理的配慮の内容は異なることとなる。また、障害の状態等が変化することもあるため、特に、障害者との関係性が長期にわたる場合等には、提供する合理的配慮について、適宜、見直しを行うことが重要である。

(2)　過重な負担の基本的な考え方

参考資料

　　過重な負担については、行政機関等及び事業者において、個別の事案ごと
に、以下の要素等を考慮し、具体的場面や状況に応じて総合的・客観的に判
断することが必要である。行政機関等及び事業者は、過重な負担に当たると
判断した場合は、障害者にその理由を説明するものとし、理解を得るよう努
めることが望ましい。

○　事務・事業への影響の程度（事務・事業の目的・内容・機能を損なうか
　否か）

○　実現可能性の程度（物理的・技術的制約、人的・体制上の制約）

○　費用・負担の程度

○　事務・事業規模

○　財政・財務状況

**第3　行政機関等が講ずべき障害を理由とする差別を解消するための措置に関す
る基本的な事項**

1　基本的な考え方

　　行政機関等においては、その事務・事業の公共性に鑑み、障害者差別の解
消に率先して取り組む主体として、不当な差別的取扱いの禁止及び合理的配
慮の提供が法的義務とされており、国の行政機関の長及び独立行政法人等
は、当該機関の職員による取組を確実なものとするため、対応要領を定める
こととされている。行政機関等における差別禁止を確実なものとするために
は、差別禁止に係る具体的取組と併せて、相談窓口の明確化、職員の研修・
啓発の機会の確保等を徹底することが重要であり、対応要領においてこの旨
を明記するものとする。

2　対応要領

⑴　対応要領の位置付け及び作成手続

　　対応要領は、行政機関等が事務・事業を行うに当たり、職員が遵守すべき
服務規律の一環として定められる必要があり、国の行政機関であれば、各機
関の長が定める訓令等が、また、独立行政法人等については、内部規則の様
式に従って定められることが考えられる。

66

国の行政機関の長及び独立行政法人等は、対応要領の作成に当たり、障害者その他の関係者を構成員に含む会議の開催、障害者団体等からのヒアリングなど、障害者その他の関係者の意見を反映させるために必要な措置を講ずるとともに、作成後は、対応要領を公表しなければならない。

(2) 対応要領の記載事項

対応要領の記載事項としては、以下のものが考えられる。

○　趣旨

○　障害を理由とする不当な差別的取扱い及び合理的配慮の基本的な考え方

○　障害を理由とする不当な差別的取扱い及び合理的配慮の具体例

○　相談体制の整備

○　職員への研修・啓発

3　地方公共団体等における対応要領に関する事項

地方公共団体等における対応要領の作成については、地方分権の趣旨に鑑み、法においては努力義務とされている。地方公共団体等において対応要領を作成する場合には、2(1)及び(2)に準じて行われることが望ましい。国は、地方公共団体等における対応要領の作成に関し、適時に資料・情報の提供、技術的助言など、所要の支援措置を講ずること等により協力しなければならない。

第4　事業者が講ずべき障害を理由とする差別を解消するための措置に関する基本的な事項

1　基本的な考え方

事業者については、不当な差別的取扱いの禁止が法的義務とされる一方で、事業における障害者との関係が分野・業種・場面・状況によって様々であり、求められる配慮の内容・程度も多種多様であることから、合理的配慮の提供については、努力義務とされている。このため、各主務大臣は、所掌する分野における対応指針を作成し、事業者は、対応指針を参考として、取組を主体的に進めることが期待される。主務大臣においては、所掌する分野の特性を踏まえたきめ細かな対応を行うものとする。各事業者における取組

67

参考資料

については、障害者差別の禁止に係る具体的取組はもとより、相談窓口の整備、事業者の研修・啓発の機会の確保等も重要であり、対応指針の作成に当たっては、この旨を明記するものとする。

同種の事業が行政機関等と事業者の双方で行われる場合は、事業の類似性を踏まえつつ、事業主体の違いも考慮した上での対応に努めることが望ましい。また、公設民営の施設など、行政機関等がその事務・事業の一環として設置・実施し、事業者に運営を委託等している場合は、提供される合理的配慮の内容に大きな差異が生ずることにより障害者が不利益を受けることのないよう、委託等の条件に、対応要領を踏まえた合理的配慮の提供について盛り込むよう努めることが望ましい。

2 対応指針

(1) 対応指針の位置付け及び作成手続

主務大臣は、個別の場面における事業者の適切な対応・判断に資するための対応指針を作成するものとされている。作成に当たっては、障害者や事業者等を構成員に含む会議の開催、障害者団体や事業者団体等からのヒアリングなど、障害者その他の関係者の意見を反映させるために必要な措置を講ずるとともに、作成後は、対応指針を公表しなければならない。

なお、対応指針は、事業者の適切な判断に資するために作成されるものであり、盛り込まれる合理的配慮の具体例は、事業者に強制する性格のものではなく、また、それだけに限られるものではない。事業者においては、対応指針を踏まえ、具体的場面や状況に応じて柔軟に対応することが期待される。

(2) 対応指針の記載事項

対応指針の記載事項としては、以下のものが考えられる。

○ 趣旨

○ 障害を理由とする不当な差別的取扱い及び合理的配慮の基本的な考え方

○ 障害を理由とする不当な差別的取扱い及び合理的配慮の具体例

○ 事業者における相談体制の整備

○ 事業者における研修・啓発

○　国の行政機関（主務大臣）における相談窓口

3　主務大臣による行政措置

　　事業者における障害者差別解消に向けた取組は、主務大臣の定める対応指針を参考にして、各事業者により自主的に取組が行われることが期待される。しかしながら、事業者による自主的な取組のみによっては、その適切な履行が確保されず、例えば、事業者が法に反した取扱いを繰り返し、自主的な改善を期待することが困難である場合など、主務大臣は、特に必要があると認められるときは、事業者に対し、報告を求め、又は助言、指導若しくは勧告をすることができることとされている。

　　こうした行政措置に至る事案を未然に防止するため、主務大臣は、事業者に対して、対応指針に係る十分な情報提供を行うとともに、事業者からの照会・相談に丁寧に対応するなどの取組を積極的に行うものとする。また、主務大臣による行政措置に当たっては、事業者における自主的な取組を尊重する法の趣旨に沿って、まず、報告徴収、助言、指導により改善を促すことを基本とする必要がある。主務大臣が事業者に対して行った助言、指導及び勧告については、取りまとめて、毎年国会に報告するものとする。

第5　その他障害を理由とする差別の解消の推進に関する施策に関する重要事項

1　環境の整備

　　法は、不特定多数の障害者を主な対象として行われる事前的改善措置（いわゆるバリアフリー法に基づく公共施設や交通機関におけるバリアフリー化、意思表示やコミュニケーションを支援するためのサービス・介助者等の人的支援、障害者による円滑な情報の取得・利用・発信のための情報アクセシビリティの向上等）については、個別の場面において、個々の障害者に対して行われる合理的配慮を的確に行うための環境の整備として実施に努めることとしている。新しい技術開発が環境の整備に係る投資負担の軽減をもたらすこともあることから、技術進歩の動向を踏まえた取組が期待される。また、環境の整備には、ハード面のみならず、職員に対する研修等のソフト面の対応も含まれることが重要である。

参考資料

　　障害者差別の解消のための取組は、このような環境の整備を行うための施策と連携しながら進められることが重要であり、ハード面でのバリアフリー化施策、情報の取得・利用・発信におけるアクセシビリティ向上のための施策、職員に対する研修等、環境の整備の施策を着実に進めることが必要である。

2　相談及び紛争の防止等のための体制の整備

　　障害者差別の解消を効果的に推進するには、障害者及びその家族その他の関係者からの相談等に的確に応じることが必要であり、相談等に対応する際には、障害者の性別、年齢、状態等に配慮することが重要である。法は、新たな機関は設置せず、既存の機関等の活用・充実を図ることとしており、国及び地方公共団体においては、相談窓口を明確にするとともに、相談や紛争解決などに対応する職員の業務の明確化・専門性の向上などを図ることにより、障害者差別の解消の推進に資する体制を整備するものとする。内閣府においては、相談及び紛争の防止等に関する機関の情報について収集・整理し、ホームページへの掲載等により情報提供を行うものとする。

3　啓発活動

　　障害者差別については、国民一人ひとりの障害に関する知識・理解の不足、意識の偏りに起因する面が大きいと考えられることから、内閣府を中心に、関係行政機関と連携して、各種啓発活動に積極的に取り組み、国民各層の障害に関する理解を促進するものとする。

(1)　行政機関等における職員に対する研修

　　行政機関等においては、所属する職員一人ひとりが障害者に対して適切に対応し、また、障害者及びその家族その他の関係者からの相談等に的確に対応するため、法の趣旨の周知徹底、障害者から話を聞く機会を設けるなどの各種研修等を実施することにより、職員の障害に関する理解の促進を図るものとする。

(2)　事業者における研修

　　事業者においては、障害者に対して適切に対応し、また、障害者及びその

家族その他の関係者からの相談等に的確に対応するため、研修等を通じて、法の趣旨の普及を図るとともに、障害に関する理解の促進に努めるものとする。

(3) 地域住民等に対する啓発活動

ア 障害者差別が、本人のみならず、その家族等にも深い影響を及ぼすことを、国民一人ひとりが認識するとともに、法の趣旨について理解を深めることが不可欠であり、また、障害者からの働きかけによる建設的対話を通じた相互理解が促進されるよう、障害者も含め、広く周知・啓発を行うことが重要である。

内閣府を中心に、関係省庁、地方公共団体、事業者、障害者団体、マスメディア等の多様な主体との連携により、インターネットを活用した情報提供、ポスターの掲示、パンフレットの作成・配布、法の説明会やシンポジウム等の開催など、多様な媒体を用いた周知・啓発活動に積極的に取り組む。

イ 障害のある児童生徒が、その年齢及び能力に応じ、可能な限り障害のない児童生徒と共に、その特性を踏まえた十分な教育を受けることのできるインクルーシブ教育システムを推進しつつ、家庭や学校を始めとする社会のあらゆる機会を活用し、子供の頃から年齢を問わず障害に関する知識・理解を深め、全ての障害者が、障害者でない者と等しく、基本的人権を享有する個人であることを認識し、障害の有無にかかわらず共に助け合い・学び合う精神を涵養する。障害のない児童生徒の保護者に対する働きかけも重要である。

ウ 国は、グループホーム等を含む、障害者関連施設の認可等に際して、周辺住民の同意を求める必要がないことを十分に周知するとともに、地方公共団体においては、当該認可等に際して、周辺住民の同意を求める必要がないことに留意しつつ、住民の理解を得るために積極的な啓発活動を行うことが望ましい。

4 障害者差別解消支援地域協議会

(1) 趣旨

参考資料

　　障害者差別の解消を効果的に推進するには、障害者にとって身近な地域に
おいて、主体的な取組がなされることが重要である。地域において日常生
活、社会生活を営む障害者の活動は広範多岐にわたり、相談等を行うに当
たっては、どの機関がどのような権限を有しているかは必ずしも明らかでは
ない場合があり、また、相談等を受ける機関においても、相談内容によって
は当該機関だけでは対応できない場合がある。このため、地域における様々
な関係機関が、相談事例等に係る情報の共有・協議を通じて、各自の役割に
応じた事案解決のための取組や類似事案の発生防止の取組など、地域の実情
に応じた差別の解消のための取組を主体的に行うネットワークとして、障害
者差別解消支援地域協議会（以下「協議会」という。）を組織することがで
きることとされている。協議会については、障害者及びその家族の参画につ
いて配慮するとともに、性別・年齢、障害種別を考慮して組織することが望
ましい。内閣府においては、法施行後における協議会の設置状況等について
公表するものとする。

(2)　期待される役割

　　協議会に期待される役割としては、関係機関から提供された相談事例等に
ついて、適切な相談窓口を有する機関の紹介、具体的事案の対応例の共有・
協議、協議会の構成機関等における調停、斡旋等の様々な取組による紛争解
決、複数の機関で紛争解決等に対応することへの後押し等が考えられる。

　　なお、都道府県において組織される協議会においては、紛争解決等に向け
た取組について、市町村において組織される協議会を補完・支援する役割が
期待される。また、関係機関において紛争解決に至った事例、合理的配慮の
具体例、相談事案から合理的配慮に係る環境の整備を行うに至った事例など
の共有・分析を通じて、構成機関等における業務改善、事案の発生防止のた
めの取組、周知・啓発活動に係る協議等を行うことが期待される。

5　差別の解消に係る施策の推進に関する重要事項

(1)　情報の収集、整理及び提供

　　本法を効果的に運用していくため、内閣府においては、行政機関等による
協力や協議会との連携などにより、個人情報の保護等に配慮しつつ、国内に

おける具体例や裁判例等を収集・整理するものとする。あわせて、海外の法制度や差別解消のための取組に係る調査研究等を通じ、権利条約に基づき設置された、障害者の権利に関する委員会を始めとする国際的な動向や情報の集積を図るものとする。これらの成果については、障害者白書や内閣府ホームページ等を通じて、広く国民に提供するものとする。

(2) 基本方針、対応要領、対応指針の見直し等

　技術の進展、社会情勢の変化等は、特に、合理的配慮について、その内容、程度等に大きな進展をもたらし、また、実施に伴う負担を軽減し得るものであり、法の施行後においては、こうした動向や、不当な差別的取扱い及び合理的配慮の具体例の集積等を踏まえるとともに、国際的な動向も勘案しつつ、必要に応じて、基本方針、対応要領及び対応指針を見直し、適時、充実を図るものとする。

　法の施行後3年を経過した時点における法の施行状況に係る検討の際には、障害者政策委員会における障害者差別の解消も含めた障害者基本計画の実施状況に係る監視の結果も踏まえて、基本方針についても併せて所要の検討を行うものとする。基本方針の見直しに当たっては、あらかじめ、障害者その他の関係者の意見を反映させるために必要な措置を講ずるとともに、障害者政策委員会の意見を聴かなければならない。対応要領、対応指針の見直しに当たっても、障害者その他の関係者の意見を反映させるために必要な措置を講じなければならない。

　なお、各種の国家資格の取得等において障害者に不利が生じないよう、いわゆる欠格条項について、各制度の趣旨や、技術の進展、社会情勢の変化等を踏まえ、適宜、必要な見直しを検討するものとする。

参考資料

○国土交通省所管事業における障害を理由とする差別の解消の推進に関する対応指針(抄)

〔平成27年11月〕
〔国 土 交 通 省〕

目次

一　趣旨

 1　障害者差別解消法の制定の経緯

 2　法の基本的な考え方

 3　対応指針の意義・性質

二　障害を理由とする不当な差別的取扱い及び合理的配慮の基本的な考え方

 1　障害を理由とする不当な差別的取扱いの基本的な考え方

  (1)　趣旨

  (2)　正当な理由の判断の視点

  (3)　積極的改善措置等の取扱い

 2　合理的配慮の基本的な考え方

  (1)　趣旨

  (2)　意思の表明

  (3)　過重な負担の基本的な考え方

  (4)　事前的改善措置と合理的配慮の関係

三　障害を理由とする不当な差別的取扱い及び合理的配慮の具体例

四　事業者における相談体制の整備

 1　相談窓口の設置

 2　相談時のコミュニケーションへの配慮

 3　相談事例の蓄積と活用

五　事業者における研修・啓発

六　国土交通省における相談窓口

別紙

【不動産業関係】

国土交通省所管事業における障害を理由とする差別の解消の推進に関する対応指針(抄)

【設計等業関係】

【鉄道事業関係】

【一般乗合旅客自動車運送業関係】

【一般乗用旅客自動車運送業関係】

【対外旅客定期航路事業関係】

【国内旅客船業関係】

【航空運送業関係】

【旅行業関係】

一　趣旨

1　障害者差別解消法の制定の経緯

・　我が国では、障害者権利条約の国連採択（平成18年）及び署名（平成19年）を受けて、障害者基本法（昭和45年法律第84号）の改正（平成23年）など、これに対応した国内法の整備を順次実施してきた。

・　障害を理由とする差別の解消の推進に関する法律（平成25年法律第65号。以下「法」という。）は、障害者基本法の差別禁止の基本原則を具体化するものであり、全ての国民が、障害の有無によって分け隔てられることなく、相互に人格と個性を尊重し合いながら共生する社会の実現に向け、障害者差別の解消を推進することを目的として、平成25年に制定された。

2　法の基本的な考え方

・　法が対象とする障害者は、障害者基本法第2条第1号に規定する障害者である。具体的には、身体障害、知的障害、精神障害（発達障害及び高次脳機能障害を含む。）その他の心身の機能の障害（難病に起因する障害を含む。）がある者であって、障害及び社会的障壁により継続的に日常生活又は社会生活に相当な制限を受ける状態にある者である。したがって、いわゆる障害者手帳の所持者に限定されない。また、特に女性である障害者は、障害に加えて女性であることにより、更に複合的に困難な状況に置かれている場合があること、障害児には、成人の障害者とは異なる支援の必

参考資料

要性があることに留意する。

・　法が対象とする事業者は、商業その他の事業を行う者（地方公共団体の経営する企業及び公営企業型地方独立行政法人を含み、国、独立行政法人等、地方公共団体及び公営企業型以外の地方独立行政法人を除く。）であり、目的の営利・非営利、個人・法人の別を問わず、同種の行為を反復継続する意思をもって行う者としている。したがって、例えば、個人事業者や対価を得ない無報酬の事業を行う者、非営利事業を行う特定非営利活動法人も対象となる。

・　法は、日常生活及び社会生活全般に係る分野を広く対象としている。ただし、事業者が事業主としての立場で労働者に対して行う障害を理由とする差別を解消するための措置は、法第13条において、障害者の雇用の促進等に関する法律（昭和35年法律第123号）の定めによることとされている。

・　法は、障害者に対する不当な差別的取扱い及び合理的配慮の不提供を差別と規定し、事業者に対し、差別の解消に向けた具体的取組を求めるとともに、普及啓発活動等を通じて、障害者も含めた国民一人ひとりが、それぞれの立場において自発的に取り組むことを促している。

・　法は、事業者が障害を理由とする不当な差別的取扱いを行うこと及び合理的配慮の不提供により障害者への権利利益の侵害をもたらすことは、差別にあたるとして禁止するとともに、事業者に対し合理的な配慮の提供の努力義務を課している。

3　対応指針の意義・性質

・　この対応指針は、法第11条第１項の規定に基づき、国土交通省が所管する事業の事業者が差別の解消に向けた具体的取組を適切に行うために必要な事項について、障害を理由とする差別の解消の推進に関する基本方針（平成27年２月24日閣議決定。以下「基本方針」という。）に即して作成するものである。

・　この対応指針は、事業者における差別の解消に向けた具体的取組に資するための一般的な考え方を記載したものであり、この対応指針に盛り込まれた不当な差別的取扱いや合理的配慮の具体例は、事業者に強制する性格

のものではなく、また、あくまで例示であって記載された具体例に限定されるものでもないこと、さらには、今後の事例の蓄積により、見直しがありえることに留意する必要がある。

・　この対応指針で「望ましい」と記載している内容は、事業者がそれに従わない場合であっても、法に反すると判断されることはないが、障害者基本法の基本的な理念及び法の目的を踏まえ、できるだけ取り組むことが望まれることを意味する。

・　法の理念である共生社会の実現に向け、事業者において対応指針を積極的に活用し、取組を主体的に進めることが期待される。

・　なお、事業者における障害者差別解消に向けた取組は、本対応指針を参考にして、各事業者により自主的に取組が行われることが期待されるが、自主的な取組のみによってはその適切な履行が確保されず、事業者が法に反した取扱いを繰り返し、自主的な改善を期待することが困難である場合など、特に必要があると認められるときは、法第12条の規定に基づき、国土交通大臣は、事業者に対し、報告を求め、又は助言、指導若しくは勧告をすることがある。

二　障害を理由とする不当な差別的取扱い及び合理的配慮の基本的な考え方

　1　障害を理由とする不当な差別的取扱いの基本的な考え方

　（1）　趣旨

　　・　法は、障害者に対して、正当な理由なく、障害を理由として、財・サービスや各種機会の提供を拒否すること、場所・時間等を制限すること、障害者でない者に対しては付さない条件を付けることなどにより、障害者の権利利益を侵害することを禁止している。

　（2）　正当な理由の判断の視点

　　・　正当な理由に相当するのは、障害者に対して、障害を理由として、財・サービスや各種機会の提供を拒否するなどの取扱いが客観的に見て正当な目的の下に行われたものであり、その目的に照らしてやむを得ないと言える場合である。

　　・　事業者においては、正当な理由に相当するか否かについて、個別の事

参考資料

案ごとに、以下に掲げるような障害者、事業者、第三者の権利利益等の観点を考慮し、具体的場面や状況に応じて総合的・客観的に判断することが必要である。

○　安全の確保

○　財産の保全

○　事業の目的・内容・機能の維持

○　損害発生の防止　等

・　事業者は、正当な理由があると判断した場合には、障害者にその理由を説明するものとし、理解を得るよう努めることが望ましい。

・　なお、「客観的に判断する」とは、主観的な判断に委ねられるのではなく、その主張が客観的な事実によって裏付けられ、第三者の立場から見ても納得を得られるような「客観性」が必要とされるものである。また、「正当な理由」を根拠に、不当な差別的取扱いを禁止する法の趣旨が形骸化されるべきではなく、拡大解釈や具体的な検討もなく単に安全の確保などという説明のみでサービスを提供しないといったことは適切ではない。

(3)　**積極的改善措置等の取扱い**

・　障害者を障害者でない者と比べて優遇する取扱い（いわゆる積極的改善措置）、法に規定された障害者に対する合理的配慮の提供による障害者でない者との異なる取扱いや、合理的配慮を提供等するために必要な範囲でプライバシーに配慮しつつ障害者に障害の状況等を確認することは、不当な差別的取扱いには当たらない。

2　合理的配慮の基本的な考え方

(1)　**趣旨**

・　法は、事業者に対し、その事業を行うに当たり、個々の場面において、障害者から現に社会的障壁の除去を必要としている旨の意思の表明があった場合、その実施に伴う負担が過重でないときは、障害者の権利利益を侵害することとならないよう、社会的障壁の除去の実施について、必要かつ合理的な配慮（合理的配慮）を行うことを求めている。

国土交通省所管事業における障害を理由とする差別の解消の推進に関する対応指針(抄)

- 合理的配慮は、事業者の事務・事業の目的・内容・機能に照らし、必要とされる範囲で本来の業務に付随するものに限られること、障害者でない者との比較において同等の機会の提供を受けるためのものであること、事務・事業の目的・内容・機能の本質的な変更には及ばないことに留意する必要がある。したがって、例えば、医療行為など実施にあたって高度な専門知識や法令上の資格が必要とされる行為や、食事・排泄等の介助行為などは、国土交通省所管事業の本来の業務に付随するものとはいえず、合理的配慮の対象外と考えられる。

- 合理的配慮は、障害の特性や社会的障壁の除去が求められる具体的場面や状況に応じて異なり、多様かつ個別性の高いものであり、当該障害者が現に置かれている状況を踏まえ、社会的障壁の除去のための手段及び方法について、以下(3)の過重な負担の判断要素を考慮し、代替措置の選択も含め、双方の建設的対話による相互理解を通じて、必要かつ合理的な範囲で、柔軟に対応がなされるものである。さらに、合理的配慮の内容は、技術の進展、社会情勢の変化等に応じて変わり得るものである。

- 合理的配慮の提供に当たっては、障害者の性別、年齢、状態等に配慮するものとする。

- なお、障害の状況等が変化することもあるため、特に障害者との関係性が長期にわたる場合等には、提供する合理的配慮について、適宜見直しを行うことが重要である。

(2) **意思の表明**

- 障害者からの、現に社会的障壁の除去を必要としている旨の意思の表明は、言語(手話を含む。)、点字、拡大文字、筆談、実物の提示や身振りサイン等による合図、触覚による意思伝達など、障害者が他人とコミュニケーションを図る際に必要な手段(手話通訳、要約筆記等を介するものを含む。)により実施される。

- また、知的障害や精神障害(発達障害を含む。)等により本人の意思の表明が困難な場合には、障害者の家族、支援者・介助者、法定代理人等、コミュニケーションを支援する者が本人を補佐して行う場合もあり

参考資料

うる。

・　なお、意思の表明が困難な障害者が、家族、支援者・介助者等を伴っていない場合など、意思の表明がない場合であっても、当該障害者が社会的障壁の除去を必要としていることが明白である場合には、法の趣旨を踏まえ、当該障害者に対して適切と思われる配慮を提案するために建設的対話を働きかけるなど、自主的な取組に努めることが望ましい。

(3)　**過重な負担の基本的な考え方**

・　事業者においては、過重な負担に相当するか否かについて、個別の事案ごとに、以下の要素等を考慮し、具体的場面や状況に応じて総合的・客観的に判断することが必要である。

○　事務・事業への影響の程度（事務・事業の目的・内容・機能を損なうか否か）

○　実現可能性の程度（物理的・技術的制約、人的・体制上の制約）

○　費用・負担の程度

○　事務・事業規模

○　財政・財務状況

・　事業者は、上記判断にあたっては、当該障害者等との話し合いなどにより、その意向を十分に把握・尊重しつつ、具体的にどのような措置を講じるか検討・調整を行うこととする。

・　複数の事業者が関係する場合には、それぞれの事業者の負担も十分考慮した上で、提供予定の合理的配慮について、事業者間での引き継ぎなど連携を円滑に行うことが望ましい。

・　また、同種のサービス等が行政機関等と事業者の双方で行われる場合には、その類似性を踏まえつつ、事業主体の違いも考慮した上での対応に努めることが望ましい。

・　事業者は、過重な負担に当たると判断した場合は、障害者にその理由を説明するものとし、理解を得るよう努めることが望ましい。

・　「過重な負担」とは、主観的な判断に委ねられるのではなく、その主張が客観的な事実によって裏付けられ、第三者の立場から見ても納得を得られるような「客観性」が必要とされるものである。また、「過重な

負担」を根拠に、合理的配慮の提供を求める法の趣旨が形骸化されるべきではなく、拡大解釈や具体的な検討もなく合理的配慮の提供を行わないといったことは適切ではない。

(4) **事前的改善措置と合理的配慮の関係**

・ 法は、不特定多数の障害者を主な対象として行われる事前的改善措置（いわゆるバリアフリー法に基づく公共施設や交通機関におけるバリアフリー化、意思表示やコミュニケーションを支援するためのサービス・支援者・介助者等の人的支援及び障害者による円滑な情報の取得・利用・発信のための情報アクセシビリティの向上等）については、個別の場面において個々の障害者に対して行われる合理的配慮を的確に行うための環境の整備として実施に努めることとしている。

・ このため、各場面における環境の整備の状況により、合理的配慮の内容は異なることとなる。

・ 合理的配慮を必要とする障害者が多数見込まれる場合や障害者との関係性が長期にわたる場合等には、その都度の合理的配慮の提供ではなく、事前的改善措置の実施も考慮に入れることにより、中長期的なコスト削減・効率化につながりうる点は重要である。

・ なお、社会情勢の変化に伴い、事前的改善措置と合理的配慮の関係が変わりうることにも注意が必要である。

三 障害を理由とする不当な差別的取扱い及び合理的配慮の具体例

・ この対応指針は国土交通省所管事業の事業者向けに作成されたものであり、別紙において主な事業に関する障害を理由とする不当な差別的取扱い及び合理的配慮の具体例を示している。

四 事業者における相談体制の整備

1 相談窓口の設置

・ 事業者は、障害者及びその家族その他の関係者からの相談等に的確に対応するため、既存の顧客相談窓口等がある場合にはその活用を、ない場合には新たに窓口を設置等することが重要である。

参考資料

- また、HP 等を活用し、相談窓口、相談方法等に関する情報を広く周知・広報することが重要である。
- なお、専門知識を有する担当者の配置や職員研修等により、窓口担当者の専門性を確保しておくことが望ましい。

2 相談時のコミュニケーションへの配慮

- 様々な障害特性を持つ障害者等からの相談が想定されることから、必要に応じて障害者団体等とも連携し、相談時には、電話、FAX、電子メール、点字、拡大文字、ルビ付与、分かりやすい表現への置換え、手話、筆談、要約筆記、手書き文字（手のひらに指で文字を書いて伝える方法）など、障害特性に応じた多様なコミュニケーション手段を、可能な範囲で用意して対応することが望ましい。
- なお、相談等に対応する際には、障害者の性別、年齢、状態等にも配慮することが重要である。

3 相談事例の蓄積と活用

- 相談事例等は、順次蓄積を行うこととし、蓄積した事例は、相談者の個人情報やプライバシーに配慮しつつ、事業者内で共有を図り、必要に応じて障害者団体等とも調整を行うなど、今後の合理的配慮の提供等にあたって適宜活用するものとする。

五 事業者における研修・啓発

- 事業者は、障害者に対して適切に対応し、また、障害者及びその家族その他の関係者からの相談等に的確に対応するため、障害特性などを理解することができるマニュアル等や各種研修等を通じて法の趣旨の普及を図るとともに、障害への理解の促進に努めるなど、各事業者・各職員における認識の共有化を図るものとする。
- たとえば、障害者が参画する内部研修の企画、障害者団体やその他団体等が実施する既存の外部研修の受講等を通じた効果的な研修を実施することが考えられる。

- また、日ごろから障害者団体等と意見交換の機会をもつことや、接遇やコミュニケーションに関連する資格の取得も奨励される。

- なお、接遇方法やサービス等の提供方法を定めた各種対応マニュアル等が既に整備されている場合には、法の趣旨を踏まえ、必要に応じて内容の見直し等を行うことが求められる。

六　国土交通省における相談窓口

- 本対応指針に関する国土交通省の相談窓口を、別表のとおり設置する。

- 相談窓口となる部局は、障害者等から相談等を受けた場合には、その案件の内容に応じて、関係各局課室へ情報提供及び対応を依頼する。

別表

組織	担当部署	相談内容
本省	総合政策局安心生活政策課	法律全体及び以下の地方支分部局が所掌する事業以外
地方整備局	主任監査官	地方整備局が所掌する事業
北海道開発局	監察官	北海道開発局が所掌する事業
地方運輸局	交通政策部消費者行政・情報課	地方運輸局が所掌する事業
神戸運輸監理部	総務企画部総務課	神戸運輸監理部が所掌する事業

・参考資料

別紙

【不動産業関係】

1 対象事業

宅地建物取引業（宅地建物取引業法（昭和27年法律第176号）第2条第2号に規定する宅地建物取引業をいう。）を対象とする。

2 具体例

(1) 差別的取扱いの具体例

① 正当な理由がなく、不当な差別的取扱いにあたると想定される事例

・ 物件一覧表に「障害者不可」と記載する。

・ 物件広告に「障害者お断り」として入居者募集を行う。

・ 宅地建物取引業者（以下「宅建業者」という。）が、障害者に対して、「当社は障害者向け物件は取り扱っていない」として話も聞かずに門前払いする。

・ 宅建業者が、賃貸物件への入居を希望する障害者に対して、障害（身体障害、知的障害、精神障害（発達障害及び高次脳機能障害を含む。）その他の心身の機能の障害（難病に起因する障害を含む。））があることを理由に、賃貸人や家賃債務保証会社への交渉等、必要な調整を行うことなく仲介を断る。

・ 宅建業者が、障害者に対して、「火災を起こす恐れがある」等の懸念を理由に、仲介を断る。

・ 宅建業者が、一人暮らしを希望する障害者に対して、一方的に一人暮らしは無理であると判断して、仲介を断る。

・ 宅建業者が、車いすで物件の内覧を希望する障害者に対して、車いすでの入室が可能かどうか等、賃貸人との調整を行わずに内覧を断る。

・ 宅建業者が、障害者に対し、障害を理由とした誓約書の提出を求める。

② 障害を理由としない、又は、正当な理由があるため、不当な差別的取扱いにあたらないと考えられる事例

・ 合理的配慮を提供等するために必要な範囲で、プライバシーに配慮しつつ、障害者に障害の状況等を確認する。

国土交通省所管事業における障害を理由とする差別の解
消の推進に関する対応指針(抄)

(2) 合理的配慮の提供の具体例

① **多くの事業者にとって過重な負担とならず、積極的に提供を行うべきと考えられる事例**

・ 障害者が物件を探す際に、最寄り駅から物件までの道のりを一緒に歩いて確認したり、1軒ずつ中の様子を手を添えて丁寧に案内する。

・ 車いすを使用する障害者が住宅を購入する際、住宅購入者の費用負担で間取りや引き戸の工夫、手すりの設置、バス・トイレの間口や広さ変更、車いす用洗面台への交換等を行う場合、必要な調整を行う。

・ 障害者の求めに応じて、バリアフリー物件等、障害者が不便と感じている部分に対応している物件があるかどうかを確認する。

・ 障害者の状態に応じて、ゆっくり話す、手書き文字(手のひらに指で文字を書いて伝える方法)、筆談を行う、分かりやすい表現に置き換える等、相手に合わせた方法での会話を行う。

・ 種々の手続きにおいて、障害者の求めに応じて、文章を読み上げたり、書類の作成時に書きやすいように手を添える。

② **過重な負担とならない場合に、提供することが望ましいと考えられる事例**

・ 物件案内時に、段差移動のための携帯スロープを用意する。

・ 物件案内時に、車いすを押して案内をする。

・ 物件案内の際、肢体不自由で移動が困難な障害者に対し、事務所と物件の間を車で送迎する。

・ 車いす使用者のために、車いす専用駐車場を確保する。

・ 物件の案内や契約条件等の各種書類をテキストデータで提供する、ルビ振りを行う、書類の作成時に大きな文字を書きやすいように記入欄を広く設ける等、必要な調整を行う。

・ 物件のバリアフリー対応状況が分かるよう、写真を提供する。

・ 障害者の居住ニーズを踏まえ、バリアフリー化された物件等への入居が円滑になされるよう、居住支援協議会の活動等に協力し、国の助成制度等を活用して適切に改修された住戸等の紹介を行う。

参考資料

【設計等業関係】〔略〕

【鉄道事業関係】〔略〕

【一般乗合旅客自動車運送業関係】〔略〕

【一般乗用旅客自動車運送業関係】〔略〕

【対外旅客定期航路事業関係】〔略〕

【国内旅客船業関係】〔略〕

【航空運送業関係】〔略〕

【旅行業関係】〔略〕

○条例の制定状況

(平成28年4月1日現在)

自治体	条例名
北海道	北海道障がい者及び障がい児の権利擁護並びに障がい者及び障がい児が暮らしやすい地域づくりの推進に関する条例 http://www.pref.hokkaido.lg.jp/hf/shf/jyoreitop.htm
岩手県	障がいのある人もない人も共に学び共に生きる岩手県づくり条例 http://www.pref.iwate.jp/fukushi/shougai/36806/index.html
山形県	山形県障がいのある人もない人も共に生きる社会づくり条例 http://www.pref.yamagata.jp/kenfuku/shogai/fukushi/7090004sabetukaisyoujourei.html
茨城県	障害のある人もない人も共に歩み幸せに暮らすための茨城県づくり条例 http://www.pref.ibaraki.jp/hokenfukushi/shofuku/kikaku/shofuku/g/g-1.html
栃木県	栃木県障害者差別解消推進条例 http://www.pref.tochigi.lg.jp/e05/welfare/shougaisha/sesaku/sabetsukaisyo.html
埼玉県	埼玉県障害のある人もない人も全ての人が安心して暮らしていける共生社会づくり条例
千葉県	障害のある人もない人も共に暮らしやすい千葉県づくり条例 http://www.pref.chiba.lg.jp/shoufuku/shougai-kurashi/jourei/index.html
富山県	障害のある人の人権を尊重し県民皆が共にいきいきと輝く富山県づくり条例 http://www.pref.toyama.jp/cms_sec/1209/kj00013327.html
山梨県	山梨県障害者幸住条例 https://www.pref.yamanashi.jp/shogai-fks/41_020.html
岐阜県	岐阜県障害のある人もない人も共に生きる清流の国づくり条例 http://www.pref.gifu.lg.jp/gikai/kyougi-zyourei/seisaku/syougai/
愛知県	愛知県障害者差別解消推進条例 https://www.pref.aichi.jp/soshiki/shogai/sabetsu-jourei.html
京都府	京都府障害のある人もない人も共に安心していきいきと暮らしやすい社会づくり条例 http://www.pref.kyoto.jp/shogaishien/jyorei.html
大阪府	大阪府障がいを理由とする差別の解消の推進に関する条例 http://www.pref.osaka.lg.jp/keikakusuishin/syougai-plan/sabekai-kaisai.html

参考資料

奈良県	奈良県障害のある人もない人もともに暮らしやすい社会づくり条例 http://www.pref.nara.jp/39656.htm
徳島県	障がいのある人もない人も暮らしやすい徳島づくり条例 http://www.pref.tokushima.jp/docs/2015122100086/
愛媛県	愛媛県障がいを理由とする差別の解消の推進に関する条例
長崎県	障害のある人もない人も共に生きる平和な長崎県づくり条例 https://www.pref.nagasaki.jp/bunrui/kenseijoho/kennojorei-koho/heiwa-jyourei/
熊本県	障害のある人もない人も共に生きる熊本づくり条例 http://www.pref.kumamoto.jp/soshiki/29/jourei.html
大分県	障がいのある人もない人も心豊かに暮らせる大分県づくり条例 http://www.pref.oita.jp/site/syougai/kokoroyutakajyourei.html
宮崎県	障がいのある人もない人も共に暮らしやすい宮崎県づくり条例
鹿児島県	障害のある人もない人も共に生きる鹿児島づくり条例 http://www.pref.kagoshima.jp/ae07/kenko-fukushi/syogai-syakai/gyakutaiboushi/sabetsukaishou.html
沖縄県	沖縄県障害のある人もない人も共に暮らしやすい社会づくり条例 http://www.pref.okinawa.jp/site/kodomo/shogaifukushi/keikaku/kyosei-shakai/jorei.html

参考文献

《障害者差別解消法》

・東　俊裕「障害者差別解消法と合理的配慮」法律時報87巻1号62頁

・田中駒子・小田亜由子「障害者差別解消法の概要」金融法務事情2034号6頁（2016年1月25日号）

・難波吉雄・新垣和紀「障害者権利条約の締結に向けた障害者差別解消法の制定」（時の法令1950号19頁）

・障害者差別解消法解説編集委員会編著「概説障害者差別解消法」（2014年3月　法律文化社）

《障害者権利条約》

・岩村正彦／菊池馨実／川島　聡／長谷川珠湖「座談会　障害者権利条約の批准と国内法の新たな展開―障害者に対する差別の解消を中心に」論究ジュリスト2014年冬号8号4頁

・富永晃一「改正障害者雇用促進法の障害者差別禁止と合理的配慮提供義務」前掲論究ジュリスト27頁

・中川　純「福祉サービスに対する障害者権利条約のインパクト―障害者の概念と差別」前掲論究ジュリスト35頁

・上山　泰「障害者権利条約の視点からみた民法上の障害者の位置づけ」前掲論究ジュリスト42頁

・「みんなちがってみんな一緒！障害者権利条約」改訂版（JDF：日本障害フォーラム　2014年12月）

・長瀬　修・東　俊裕・川島　聡編「障害者の権利条約と日本―概要と展望」増補改訂（2012年10月　生活書院）

・松井亮輔・川島　聡編「概説障害者権利条約」（2010年5月　法律文化社）

・「障害者権利条約　日英対訳とコメント」（JDF：日本障害フォーラム　2011年3月）

・「障害者権利条約はこうして生まれた　ドン・マッケイ講演録」（JDF：日本障害フォーラム　2010年3月）

事項索引

ア

（知事による）あっせん…………11

イ

（障害者からの）意思の表明……26

ウ

上乗せ条例…………………………11

カ

過重な負担…………………………27

勧告………………………………11,34

キ

基本方針……………………………9

行政機関等…………………………10

ケ

啓発活動……………………………36

コ

公表…………………………………11

合理的配慮…………………………23

合理的配慮の提供……………23,27

合理的配慮の不提供…………4,15

サ

差別の解消の推進に関する基本

　方針…………………………………9

差別を解消するための支援措置…11

差別を解消するための措置………9

シ

事業者…………………………1,14

障害者………………………………13

障害者からの意思の表明…………26

障害者基本法……………………4,6

障害者権利条約……………………2

障害者雇用促進法との関係………7

障害者差別解消支援地域協議会…37

条例…………………………………11

社会的障壁………………4,6,13

助言…………………………………34

指導…………………………………34

主務大臣…………………………10,34

セ

正当な理由…………………………16

タ

対応指針…………………………10,34

フ

不当な差別的取扱いの禁止………15

附帯決議……………………………11

ホ

報告の徴収…………………………34

ヨ

横出し条例…………………………11

〔著者紹介〕

岡本正治
おかもとまさはる

　関西大学法学部卒業、同大学大学院法学研究科修士課程修了　弁護士（大阪弁護士会所属）、元立命館大学大学院法務研究科教授（平成16年4月から平成20年3月、法曹倫理、民事法等）

〔委員等〕
・法務省関係　　新司法試験考査委員（平成19年度から平成21年度、民法）
・国土交通省関係　「紛争事例調査検討委員会」、「弁済業務保証金制度等に関する研究会」、「不動産流通業務のあり方研究会」、「媒介業務の円滑化に関する研究会」、「不動産取引における消費者への情報提供のあり方に関する調査検討委員会」各座長等
・大阪府関係　　元大阪府建設工事紛争審査会特別委員、「賃貸住宅の退去時における原状回復トラブルの防止方策研究会」座長等

〔主著等〕　　「詳解宅地建物取引業法」（共著、大成出版社）、「建物鑑定評価資料」（共著、建設物価調査会）、「会社訴訟をめぐる理論と実務」（編著、中央経済社）、「逐条解説宅地建物取引業法」（共著、大成出版社）、「詳解不動産仲介契約」（共著、大成出版社）等

宇仁美咲
うにみさき

　関西学院大学法学部卒業　弁護士（大阪弁護士会所属）、元関西学院大学大学院司法研究科非常勤講師（平成16年4月から平成20年3月、法情報調査・法文書作成、建築紛争法）

〔委員等〕
・国土交通省関係　「不動産賃貸業、賃貸不動産管理業等のあり方に関する研究会」委員等
〔主著等〕　　「マンション管理適正化法の解説」（共著、大成出版社）、「マンション管理用語事典」（共著、住宅新報社）、「逐条解説宅地建物取引業法」（共著、大成出版社）、「詳解不動産仲介契約」（共著、大成出版社）、「不動産仲介契約の成立と報酬」（奥田隆文＝難波孝一編「民事事実認定重要判決50選」立花書房）等

不動産事業者のための
障害者差別解消法ハンドブック

2016年6月14日　第1版第1刷発行

編著　　岡本　正治
　　　　宇仁　美咲

発行者　　松　林　久　行
発行所　　株式会社大成出版社

〒156-0042
東京都世田谷区羽根木1-7-11　TEL 03（3321）4131㈹
http://www.taisei-syuppan.co.jp/

©2016　岡本正治・宇仁美咲　　　　　印刷　信教印刷
落丁・乱丁はおとりかえいたします。

ISBN978-4-8028-3257-1